TRADING GUIDE

Der Leitfaden zu erfolgreichem
Daytrading für Anfänger und Profis

Moritz Geissler

MetaMatrix

Veröffentlicht von MetaMatrix

Erste Auflage: Juli 2023

VORWORT

Die Finanzmärkte sind ein komplexes Geflecht aus Daten, Emotionen und Entscheidungen, und nirgendwo manifestiert sich diese Komplexität so unmittelbar wie im Daytrading. Mit der Entscheidung, dieses Buch in die Hand zu nehmen, haben Sie einen Schritt in eine Welt getan, die sowohl unerbittlich als auch unglaublich lohnend sein kann.

Die Kunst des Daytradings ist nicht nur in der Analyse von Charts oder dem Verständnis makroökonomischer Faktoren zu finden. Sie liegt auch im Management von Risiken, im raschen Treffen von Entscheidungen und in der Fähigkeit, den eigenen Emotionen stets einen Schritt voraus zu sein. Begriffe wie Volatilitätsindizes, Candlestick-Muster und Pivot-Punkte werden nicht nur Theorie bleiben, sondern praxisnahe Werkzeuge, die Sie in Ihrem täglichen Handel einsetzen können.

In diesem Leitfaden werden wir tief in die Mechanismen des Daytradings eintauchen. Sie werden nicht nur die technischen Aspekte lernen, sondern auch die psychologischen Herausforderungen und Strategien erkennen, die entscheidend für den Erfolg in diesem Metier sind.

Mit jedem gelesenen Kapitel, jeder Grafik und jedem Konzept, das Sie verstehen, werden Sie besser gerüstet sein, um die

Chancen, die sich Ihnen täglich bieten, zu nutzen. Es wird Momente der Unsicherheit und des Zweifels geben, aber mit dem hier vermittelten Wissen können Sie diesen begegnen und daraus lernen.

Ich lade Sie ein, die Nuancen, Strategien und Techniken des Daytradings mit mir zu erkunden. Setzen Sie Ihr neues Wissen um, seien Sie geduldig und vor allem: bleiben Sie stets lernbereit.

Moritz B. Geissler

"Im Leben geht es nicht darum, gute Karten zu haben, sondern darum, mit den Karten, die man hat, gut zu spielen"

JOSH BILLINGS

CONTENTS

EINFÜHRUNG INS DAY TRADING

1.1 Definition Von Day Trading

Day Trading ist eine spezielle Art des Handels, bei der Finanzinstrumente, wie Aktien, Optionen, Futures, Währungen oder Kryptowährungen, innerhalb eines einzigen Handelstages gekauft und wieder verkauft werden. Das Ziel von Day Tradern ist es, von kurzfristigen Marktschwankungen zu profitieren. Sie versuchen, geringfügige Preisbewegungen auszunutzen, indem sie häufig Geschäfte abwickeln, oft Hunderte oder sogar Tausende pro Tag.

Anders als bei anderen Anlagestrategien, bei denen Positionen über einen längeren Zeitraum gehalten werden, beenden Day Trader den Handelstag grundsätzlich ohne offene Positionen. Dies bedeutet, dass alle Trades, die während des Tages eröffnet wurden, bis zum Marktende auch wieder geschlossen werden. Diese Vorgehensweise dient dazu, das Risiko zu minimieren, das sich aus größeren Preisbewegungen ergibt, die außerhalb der Handelszeiten auftreten können.

Day Trading ist eine anspruchsvolle Praxis, die sowohl eine gründliche Kenntnis der Finanzmärkte als auch ein hohes Maß an Disziplin und emotionaler Kontrolle erfordert. Day Trader müssen in der Lage sein, schnell auf Marktnachrichten und Preisänderungen zu reagieren, und sie müssen bereit sein, sowohl Gewinne als auch Verluste zu akzeptieren. Es erfordert ein angemessenes Verständnis von Risikomanagementtechniken und die Fähigkeit, auf der Grundlage fundierter technischer und fundamentaler Analysen richtige Entscheidungen zu treffen.

1.2 Vor- Und Nachteile Des Day Tradings

Das Day Trading birgt eine Vielzahl von Vor- und Nachteilen, die sowohl von der persönlichen Situation des Traders als auch von seinen Fähigkeiten und Ressourcen abhängig sind. Im Folgenden werden einige der wichtigsten Aspekte diskutiert.

Vorteile des Day Tradings:

Ein wesentlicher Vorteil des Day Tradings liegt in der Möglichkeit zum Erzielen von schnellen Gewinnen. Aufgrund der Kurzfristigkeit der gehandelten Positionen können erfahrene Day-Trader im Idealfall innerhalb weniger Stunden oder sogar Minuten signifikante Gewinne realisieren. Dies steht im Gegensatz zu langfristigen Anlagestrategien, bei denen Gewinne üblicherweise erst nach Monaten oder Jahren erzielt werden.

Ein weiterer Vorteil des Day Tradings ist die Unabhängigkeit von langfristigen Markttrends. Während Anleger mit längerfristigen Anlagehorizonten von Aufwärtsbewegungen an den Märkten profitieren, können Day-Trader unabhängig von der Marktrichtung Gewinne erzielen, indem sie sowohl auf steigende als auch auf fallende Kurse setzen.

Schließlich bietet das Day Trading ein hohes Maß an Flexibilität und Kontrolle. Trader können ihre Positionen ständig überwachen, anpassen und haben die Möglichkeit, auf aktuelle Marktereignisse schnell zu reagieren.

Nachteile des Day Tradings:

Trotz dieser Vorteile birgt das Day Trading auch erhebliche Risiken und Herausforderungen. Der möglicherweise größte Nachteil besteht in dem hohen Risiko finanzieller Verluste. Kurzfristige Marktbewegungen sind oft schwer vorhersehbar und können durch eine Vielzahl von Faktoren beeinflusst werden. Zudem kann die hohe Volatilität, die Day-Tradern schnelle Gewinne ermöglicht, auch zu ebenso schnellen Verlusten führen.

Ein weiterer Nachteil ist der erhebliche Zeitaufwand. Im Gegensatz zu langfristigen Anlagestrategien erfordert das Day Trading eine ständige Marktbeobachtung und die laufende

Anpassung von Positionen. Dies kann zu Stress und einem hohen Arbeitspensum führen, der den Lebensstil und die Lebensqualität beeinträchtigen kann.

Schließlich erfordert das Day Trading auch ein hohes Maß an Wissen, Erfahrung und Disziplin. Insbesondere für Anfänger kann es eine Herausforderung sein, die notwendigen Kenntnisse zu erwerben und emotionale Entscheidungen zu vermeiden.

Insgesamt ist es daher entscheidend, dass potenzielle Day-Trader sich der Risiken und Herausforderungen dieser Handelsform bewusst sind und sich gründlich auf die damit verbundenen Anforderungen vorbereiten. Dabei kann eine solide Ausbildung und ein gut durchdachter Handelsplan von unschätzbarem Wert sein, um die Risiken zu minimieren und die Chancen des Day Tradings optimal zu nutzen.

1.3 Historische Perspektive Und Entwicklung

Die Geschichte des Day Tradings ist tief verwoben mit der Entwicklung der modernen Finanzmärkte und Technologien. In den frühen Tagen der Börsengeschichte war Day Trading im Wesentlichen ein Privileg von Finanzinstitutionen und professionellen Händlern, die Zugang zu den Börsenparketten hatten.

Die Erfindung und Verbreitung des Internets in den 1990er Jahren veränderte jedoch die Landschaft des Day Tradings grundlegend. Mit der Entstehung von Online-Brokerages wurde der Aktienhandel für die breite Masse zugänglich. Der Durchbruch für private Day Trader kam mit der Dotcom-Blase, in der viele Menschen in den Handel mit Technologieaktien einstiegen, um schnelle Gewinne zu erzielen. Allerdings führte der Platzen der Blase auch dazu, dass viele dieser neuen Trader erhebliche Verluste erlitten.

Trotz dieser Rückschläge etablierte sich das Day Trading in den folgenden Jahren fest im Finanzsektor. Die technologische Entwicklung schritt schnell voran und mit ihr kamen immer neue Werkzeuge und Plattformen, die das Day Trading effizienter und zugänglicher machten. Heutzutage können Trader mit wenigen Klicks komplexe technische Analysen durchführen, Geschäfte in Sekundenschnelle abwickeln und sogar von unterwegs auf ihre Konten zugreifen.

Einen weiteren bedeutenden Meilenstein in der Geschichte des Day Tradings stellte die Finanzkrise 2008 dar. Inmitten der Volatilität und Unsicherheit, die die Krise verursachte, konnten Day Trader, die auf Kursschwankungen setzten, erhebliche Gewinne erzielen. Zugleich wurde aber auch deutlich, dass Day Trading erhebliche Risiken birgt und nicht für jeden Anleger geeignet ist.

In den 2010er Jahren wurde das Spektrum des Day Tradings durch den Aufstieg von Kryptowährungen und der dazugehörigen Handelsplattformen erweitert. Kryptowährungen, allen voran Bitcoin, zeichnen sich durch hohe Volatilität aus, die Day Tradern Chancen auf hohe Gewinne bietet, aber auch das Risiko von Verlusten erhöht.

Heute, in den 2020er Jahren, ist das Day Trading vielfältiger denn je. Es erstreckt sich über eine Vielzahl von Finanzinstrumenten, von Aktien und Anleihen über Forex und Futures bis hin zu Kryptowährungen, und ist für jeden mit Internetzugang und einer Handelsplattform zugänglich. Mit der ständigen Weiterentwicklung von Technologien und Handelsplattformen wird das Day Trading auch in Zukunft eine wichtige Rolle auf den Finanzmärkten spielen.

Es bleibt festzuhalten, dass das Day Trading, obwohl es mit erheblichen Risiken verbunden ist, immer mehr Menschen die Möglichkeit gibt, aktiv am Finanzmarktgeschehen teilzunehmen und nach individuellen Strategien Gewinne zu erzielen. Die technologischen Fortschritte der letzten Jahrzehnte haben dabei eine zentrale Rolle gespielt und werden das Day Trading sicherlich auch in Zukunft weiter prägen.

WICHTIGE HANDELSBEGRIFFE

2.1 Marktterminologie

Verstehen wir Day Trading als Sprache, so ist die Marktterminologie ihr Vokabular. Dieses Vokabular ermöglicht es uns, das Wesen und die Bewegungen des Marktes zu erfassen, weshalb es unabdingbar ist, einige grundlegende Begriffe zu beherrschen, um erfolgreich in den Finanzmärkten zu agieren.

Ein oft verwendeter Begriff in der Welt des Tradings ist der sogenannte "Bulle" oder "Bull Market". Dieser Begriff ist der metaphorische Bezug zu einem Markt, der von Optimismus und einer Aufwärtsbewegung geprägt ist. Im Gegensatz dazu steht der "Bär" oder "Bear Market", der eine pessimistische oder abwärts gerichtete Marktstimmung repräsentiert. Die Bezeichnungen leiten sich von den Angriffsbewegungen der entsprechenden Tiere ab: Bullen stoßen mit ihren Hörnern nach oben, während Bären mit ihren Tatzen nach unten schlagen.

Ein weiterer wichtiger Begriff ist die "Liquidität". In der Finanzwelt bezieht sich dieser Ausdruck auf die Fähigkeit, ein Wertpapier oder eine Ware schnell und mit geringen Preisbewegungen zu kaufen oder zu verkaufen. Eine hohe Liquidität wird oft mit einem engen Spread (die Differenz zwischen dem Kauf- und Verkaufspreis) gleichgesetzt, was für Day Trader entscheidend ist, da sie häufig große Mengen an Transaktionen durchführen und daher auf niedrige Transaktionskosten angewiesen sind.

Ein weiteres Konzept, das oft in Verbindung mit Liquidität erwähnt wird, ist das "Volumen". Es bezieht sich auf die Anzahl der gehandelten Aktien oder Kontrakte innerhalb eines bestimmten Zeitraums. Ein hohes Handelsvolumen ist oft ein Indikator für eine hohe Liquidität.

Die Marktterminologie umfasst auch den "Long" und "Short"

Handel. Eine "Long"-Position bezeichnet den Kauf eines Wertpapiers mit der Erwartung, dass der Preis steigen wird. Eine "Short"-Position bezieht sich hingegen auf den Verkauf eines Wertpapiers, das man nicht besitzt, in der Erwartung, es später zu einem niedrigeren Preis zurückkaufen zu können.

Eines der grundlegendsten Konzepte in der Welt des Tradings ist die "Order". Eine Order ist im Grunde genommen eine Anweisung an einen Broker, ein Wertpapier zu einem bestimmten Preis zu kaufen oder zu verkaufen. Es gibt verschiedene Arten von Orders, darunter Marktorders, Limitorders und Stop-Loss-Orders, die wir später detaillierter besprechen werden.

Die Kenntnis dieser Begriffe stellt die Grundlage für ein erfolgreiches Engagement im Day Trading dar und ermöglicht es dem Händler, effektiv auf die ständigen Veränderungen der Marktbedingungen zu reagieren. Im nächsten Abschnitt werden wir uns weitere spezifische Handelsbegriffe genauer ansehen, wie Bid, Ask und Spread.

2.2 Verständnis Von Begriffen Wie Bid, Ask, Spread Etc.

Im komplexen Ökosystem der Finanzmärkte sind einige Schlüsselbegriffe von grundlegender Bedeutung, die das Verständnis der Marktmechanik erleichtern. In diesem Abschnitt werden wir uns auf die Konzepte von "Bid", "Ask" und "Spread" konzentrieren, die zu den fundamentalen Begriffen im Handelskontext zählen.

Bid: Der Begriff "Bid" bezeichnet den Höchstpreis, den ein Käufer bereit ist, für ein spezifisches Wertpapier oder eine andere Finanzanlage zu zahlen. Die Gebote der Marktteilnehmer werden in einem Orderbuch zusammengefasst, welches alle aktuellen Kauf- und Verkaufsangebote für ein bestimmtes Wertpapier auflistet. Der Bid-Preis spielt eine wesentliche Rolle bei der Bestimmung des Marktpreises eines Wertpapiers und liefert wichtige Informationen über die aktuelle Nachfrage.

Ask: Im Gegensatz zum Bid bezieht sich der "Ask"-Preis auf

den niedrigsten Preis, zu dem ein Verkäufer bereit ist, sein Wertpapier oder eine andere Finanzanlage zu veräußern. Wie beim Bid werden auch die Ask-Preise im Orderbuch erfasst. Der Ask-Preis gibt Aufschluss über das aktuelle Angebot auf dem Markt.

Spread: Der "Spread" ist die Differenz zwischen dem Bid- und dem Ask-Preis und repräsentiert somit die Preisspanne, innerhalb derer sich der Handel aktuell bewegt. Ein enger Spread zeigt eine hohe Liquidität und geringe Handelskosten an, während ein weiter Spread oft mit geringerer Liquidität und höheren Handelskosten verbunden ist. Der Spread ist für Day-Trader ein wesentlicher Kostenfaktor und beeinflusst die Rentabilität ihrer Geschäfte direkt.

Jeder dieser Begriffe bietet eine spezifische Perspektive auf das Verhalten der Marktteilnehmer und ermöglicht es den Händlern, die Dynamik des Marktes besser zu verstehen und zu interpretieren. Es ist daher entscheidend, dass Day-Trader diese Begriffe und ihre Auswirkungen auf den Handel genau verstehen, um effektive und fundierte Handelsentscheidungen treffen zu können.

Im nächsten Abschnitt werden wir tiefer in die technischen Indikatoren eintauchen, die eine entscheidende Rolle bei der Vorhersage der Marktrichtung und bei der Entwicklung von Handelsstrategien spielen.

2.3 Erläuterung Von Technischen Indikatoren

Technische Indikatoren sind mathematische Berechnungen, die auf der Grundlage von Preis, Volumen oder Open Interest von Wertpapieren durchgeführt werden. Sie sind für Day-Trader unverzichtbar, da sie dazu dienen, künftige Markttrends und -dynamiken vorherzusagen und Handelssignale zu liefern.

Ein grundlegender technischer Indikator, den jeder Day-Trader kennen sollte, ist der Moving Average (MA). Dieser Indikator hilft, den zugrunde liegenden Trend eines Wertpapiers zu identifizieren, indem er Preisfluktuationen über einen bestimmten Zeitraum ausgleicht. Es gibt verschiedene Arten von Moving Averages, wie das einfache Moving Average (SMA) und das exponentielle Moving Average (EMA), die unterschiedlich reagieren und unterschiedliche Informationen liefern.

Ein weiterer weit verbreiteter technischer Indikator ist der Relative Strength Index (RSI). Der RSI misst die Geschwindigkeit und Veränderung von Preisbewegungen und wird hauptsächlich dazu verwendet, überkaufte oder überverkaufte Bedingungen auf dem Markt zu erkennen. Ein RSI-Wert von über 70 weist in der Regel darauf hin, dass ein Wertpapier überkauft ist, während ein Wert unter 30 auf eine überverkaufte Situation hindeutet.

Der Moving Average Convergence Divergence (MACD) ist ebenfalls ein nützlicher technischer Indikator. Er wird dazu verwendet, mögliche Kauf- und Verkaufssignale zu erkennen, indem er die Beziehung zwischen zwei Moving Averages eines Wertpapiers misst. Wenn der MACD über das Signallinie steigt, ist das ein potenzielles Kaufsignal. Wenn er darunter fällt, ist das ein mögliches Verkaufssignal.

Das Bollinger-Band ist ein weiterer wichtiger technischer Indikator, der dazu dient, die Volatilität und das Preisniveau eines Wertpapiers zu messen. Es besteht aus drei Linien: einem einfachen gleitenden Durchschnitt in der Mitte und zwei Standardabweichungen davon entfernt. Wenn die Preise nahe dem oberen Band liegen, ist das Wertpapier möglicherweise überkauft, und wenn sie nahe dem unteren Band liegen, ist es möglicherweise überverkauft.

Es ist wichtig zu verstehen, dass kein technischer Indikator in jedem Marktumfeld gleichermaßen wirksam ist. Daher ist es entscheidend, verschiedene technische Indikatoren zu kennen und zu verstehen, um sie entsprechend den jeweiligen Marktbedingungen anwenden zu können. Es ist auch entscheidend, sich daran zu erinnern, dass technische Indikatoren nur Werkzeuge sind und nicht als alleinige Entscheidungsgrundlage für den Handel dienen sollten. Sie sollten immer in Verbindung mit anderen Informationen und Analysemethoden verwendet werden, um fundierte Handelsentscheidungen zu treffen.

GRUNDLAGEN DER FINANZMÄRKTE

3.1 Unterschied Zwischen Aktien, Anleihen, Futures Und Optionen

Auf dem unerschöpflichen Gebiet der Finanzinstrumente spielen Aktien, Anleihen, Futures und Optionen eine zentrale Rolle, da sie den Großteil der Transaktionen auf den Finanzmärkten repräsentieren. Jedes dieser Instrumente weist individuelle Merkmale auf, die in ihrem Wesen, ihrer Funktionalität und ihrem Risiko-Profil unterschiedlich sind.

Beginnen wir mit Aktien, die den Eigentumsanteil an einem Unternehmen darstellen. Wenn man eine Aktie kauft, erwirbt man ein Stück des Unternehmens und wird somit zum Miteigentümer. Diese Miteigentümerschaft bringt bestimmte Rechte mit sich, darunter das Recht auf Dividenden - den Anteil des Gewinns, der an die Aktionäre ausgeschüttet wird - und das Recht, bei Unternehmensversammlungen abzustimmen. Der Aktienkurs schwankt in Abhängigkeit von Unternehmensnachrichten, wirtschaftlichen Indikatoren und Marktspekulationen.

Anleihen hingegen sind Schuldverschreibungen. Wenn Sie eine Anleihe kaufen, leihen Sie dem Emittenten (zum Beispiel einem Unternehmen oder einer Regierung) Geld. Im Gegenzug verspricht der Emittent, Ihnen Zinsen zu zahlen und das geliehene Geld nach einer festgelegten Laufzeit zurückzuzahlen. Anleihen gelten im Allgemeinen als sicherer wie Aktien, da der Emittent verpflichtet ist, die Schulden zurückzuzahlen. Allerdings können auch sie Risiken bergen, etwa wenn der Emittent insolvent wird.

Futures sind Verträge, die den Kauf oder Verkauf einer bestimmten Menge eines bestimmten Gutes oder Finanzinstruments zu einem im Voraus festgelegten Preis und zu einem bestimmten Zeitpunkt in der Zukunft verpflichten. Diese Finanzinstrumente werden auf spezialisierten Futures-Märkten gehandelt und dienen oft dazu, sich gegen Preisschwankungen abzusichern oder von diesen zu profitieren. Optionen sind ähnlich wie Futures, da sie ebenfalls auf einem Vertrag basieren. Der entscheidende Unterschied besteht jedoch darin, dass der Inhaber einer Option das Recht, aber nicht die Pflicht hat, das zugrunde liegende Gut oder Finanzinstrument zu kaufen oder zu verkaufen. Dies bietet eine größere Flexibilität und macht Optionen zu einem beliebten Instrument für Spekulation und Absicherung.

Die Wahl des richtigen Finanzinstruments hängt von Ihren individuellen Zielen, Ihrer Risikobereitschaft und Ihren Kenntnissen der Märkte ab. Jedes Instrument hat seine eigene Dynamik und erfordert eine spezifische Analyse und Strategie, um erfolgreich gehandelt zu werden. Indem Sie ein grundlegendes Verständnis dieser Instrumente entwickeln, können Sie fundiertere Entscheidungen treffen und Ihre Chancen auf Erfolg im komplexen und oft volatilen Umfeld der Finanzmärkte erhöhen.

3.2 Unterschiedliche Arten Von Börsen Und Handelsplattformen

Finanzmärkte agieren auf einer Vielzahl von Handelsplattformen und Börsen, deren Kenntnis für Day Trader unerlässlich ist. Eine Börse ist ein Marktplatz, an dem Wertpapiere wie Aktien, Anleihen und andere Vermögenswerte gehandelt werden. Sie bietet den Rahmen für Transaktionen und stellt sicher, dass Handelsvorschriften eingehalten werden. Bekannte Börsen sind zum Beispiel die New Yorker Börse (NYSE) oder die Frankfurter Wertpapierbörse.

Die Börsen lassen sich in drei Hauptkategorien einteilen: Börsenmärkte, OTC-Märkte und elektronische Kommunikationsnetzwerke (ECNs).

Börsenmärkte, auch als traditionelle Börsen bekannt, stellen die Infrastruktur für den geregelten Handel mit Wertpapieren bereit. In diesen Märkten wird der Handel zentralisiert und eine fortlaufende Preisbildung gewährleistet. Beispiele dafür sind die bereits genannten NYSE und die Frankfurter Wertpapierbörse.

Over-the-Counter (OTC)-Märkte sind dezentralisierte Märkte, in denen Transaktionen direkt zwischen zwei Parteien ausgehandelt werden, ohne die Aufsicht einer Börse. Diese Märkte sind oft weniger transparent und haben in der Regel mehr Risiken als regulierte Börsen. Beispiele für OTC-Märkte sind der Devisenmarkt oder der Markt für Derivate.

Elektronische Kommunikationsnetzwerke (ECNs) sind automatisierte Systeme, die Kauf- und Verkaufsorders von Marktteilnehmern direkt miteinander abgleichen. ECNs sind rund um die Uhr aktiv und bieten Tradern die Möglichkeit, außerhalb der traditionellen Handelsstunden zu handeln. Sie sind besonders für Day Trader relevant, da sie einen schnellen und direkten Zugang zu den Märkten ermöglichen.

Handelsplattformen hingegen sind Software-Anwendungen, die von Brokern bereitgestellt werden und es Händlern ermöglichen, Geschäfte auszuführen und Marktdaten in Echtzeit zu betrachten. Es gibt viele verschiedene Arten von Handelsplattformen, darunter webbasierte Plattformen, Desktop-Anwendungen und mobile Apps. Einige der bekanntesten Handelsplattformen sind MetaTrader, NinjaTrader und eToro.

Es ist wichtig zu beachten, dass jede Börse und jede Handelsplattform ihre eigenen Besonderheiten und Anforderungen hat. Zum Beispiel können die Gebührenstrukturen, die verfügbaren Finanzprodukte und die Handelszeiten zwischen verschiedenen Börsen und Handelsplattformen erheblich variieren. Als Day Trader ist es wichtig, diese Unterschiede zu verstehen und eine Handelsplattform zu wählen, die am besten zu Ihrer Handelsstrategie und Ihren individuellen Bedürfnissen passt. Im nächsten Kapitel werden wir uns eingehender mit der technischen Analyse befassen, einem weiteren wesentlichen

Aspekt des Day Tradings.

EINFÜHRUNG IN DIE
TECHNISCHE ANALYSE

4.1 Bedeutung Der Technischen Analyse Im Day Trading

Die technische Analyse ist ein wesentlicher Bestandteil des Day Tradings. Sie befasst sich mit der Untersuchung vergangener Marktbewegungen, um zukünftige Preisentwicklungen vorherzusagen. Im Kontext des Day Tradings dient sie als Wegweiser zur Identifikation günstiger Ein- und Ausstiegspunkte. Die Bedeutung der technischen Analyse im Day Trading beruht auf dem Konzept der Marktverhaltensmuster, welches davon ausgeht, dass sich bestimmte Muster in der Marktbewegung wiederholen.

In der technischen Analyse liegt der Fokus auf den Preisen und Volumen der Wertpapiere. Andere Faktoren wie etwa Nachrichten, Wirtschaftsindikatoren oder Bilanzen von Unternehmen, die in der Fundamentalanalyse beachtet werden, spielen hier eine untergeordnete Rolle. Die Annahme, die dieser Form der Analyse zugrunde liegt, ist, dass alle relevanten Informationen bereits im Preis eines Wertpapieres eingepreist sind.

Im Day Trading kann die technische Analyse vielfältig angewandt werden. Sie kann zum Beispiel dabei helfen, Trends frühzeitig zu erkennen oder Wendepunkte im Preisverlauf auszumachen. Mit ihrem Fokus auf kurzfristige Preisbewegungen und Muster ist sie insbesondere für Day Trader von Nutzen, da diese meist innerhalb eines Tages kaufen und verkaufen und daher vor allem an kurzfristigen Bewegungen interessiert sind.

Für Day Trader ist die Fähigkeit, Diagramme und Charts zu lesen und zu interpretieren, essenziell. Sie ermöglicht es ihnen, Muster und Trends zu identifizieren, die potenziell profitable

Handelsmöglichkeiten aufzeigen könnten. Es existieren eine Vielzahl von technischen Indikatoren, die Day Trader verwenden können, um Handelssignale zu generieren.

Es ist wichtig zu betonen, dass die technische Analyse, obwohl sie im Day Trading weit verbreitet ist, keine Garantie für Erfolg bietet. Wie jede Analysemethode hat sie ihre Stärken und Schwächen und sollte daher immer in Kombination mit anderen Analysemethoden und im Kontext eines gut durchdachten Handelsplans eingesetzt werden.

In den folgenden Unterkapiteln werden wir uns detailliert mit verschiedenen Diagrammtypen und technischen Indikatoren beschäftigen, die im Rahmen der technischen Analyse Anwendung finden. Sie werden lernen, wie Sie diese Werkzeuge in Ihrem Trading nutzen können, um bessere Handelsentscheidungen zu treffen.

4.2 Lesen Von Kerzencharts, Balkendiagremmen Und Liniendiagrammen

Nachdem wir die Bedeutung der technischen Analyse im Kontext des Day Tradings erörtert haben, soll in diesem Abschnitt auf drei weit verbreitete Formen der Chart-Darstellung eingegangen werden: Kerzencharts, Balkendiagramme und Liniendiagramme.

Beginnen wir mit den Kerzencharts, auch Candlestick-Charts genannt. Diese stammen ursprünglich aus Japan und haben sich aufgrund ihrer hohen Informationsdichte international etabliert. Eine Kerze repräsentiert dabei eine definierte Handelsperiode und zeigt den Eröffnungs-, den Schluss-, den Höchst- und den Tiefstpreis an. Der Körper der Kerze (zwischen Eröffnungs- und Schlusskurs) sowie der Docht (zwischen Höchst- und Tiefstkurs) liefern dabei visuell aufbereitete Informationen über die Volatilität und die Marktrichtung. Kerzencharts sind besonders beliebt, da sie den Händlern dabei helfen, Muster und Trends in den Preisbewegungen zu erkennen.

Als nächstes kommen wir zu den Balkendiagrammen, auch als OHLC-Diagramme bekannt. OHLC steht hierbei für Open, High, Low und Close – also Eröffnung, Hoch, Tief und Schluss. Diese Diagramme ähneln den Kerzencharts, da sie ebenfalls diese vier Datenpunkte darstellen. Allerdings erfolgt die visuelle Darstellung anders. Anstelle eines „Körpers" wird jeder Datenpunkt durch eine separate Linie oder einen Balken dargestellt. Die senkrechte Linie zeigt den Hoch- und Tiefstkurs an, während kleine waagerechte Linien nach links und rechts den Eröffnungs- und Schlusskurs anzeigen.

Schließlich betrachten wir Liniendiagramme. Diese stellen den einfachsten Charttyp dar und sind vor allem wegen ihrer Einfachheit und Übersichtlichkeit beliebt. In einem Liniendiagramm wird nur ein Datenpunkt – meist der Schlusskurs – für jede Handelsperiode dargestellt. Diese Punkte werden dann verbunden, um eine Linie zu erstellen. Dieser Charttyp eignet sich besonders gut, um langfristige Trends zu visualisieren, da er weniger detaillierte Informationen bietet und somit weniger „Rauschen" enthält.

Diese drei Charttypen sind die Grundbausteine der technischen Analyse. Jeder Daytrader sollte sie verstehen und interpretieren können, um fundierte Handelsentscheidungen zu treffen. Im nächsten Abschnitt werden wir auf die Anwendung von technischen Indikatoren eingehen, die eine weitere wichtige Komponente der technischen Analyse darstellen. Dabei werde ich auch aufzeigen, wie diese Indikatoren mit den zuvor genannten Charttypen zusammenwirken.

4.3 Verwendung Von Technischen Indikatoren

Wie sie iszwischen schon wissen gibt es eine Vielzahl von technischen Indikatoren, und jeder einzelne hat seine Stärken und Anwendungsgebiete. Sie können in verschiedene Kategorien eingeteilt werden, wie Trendindikatoren, Oszillatoren, Volumenindikatoren und Volatilitätsindikatoren. Es ist unerlässlich, diese verschiedenen Kategorien und deren spezifische Indikatoren zu verstehen, um sie effektiv in den Handelsstrategien zu integrieren.

Trendindikatoren sind dazu da, die Richtung eines bestehenden Trends zu identifizieren. Beispiele für Trendindikatoren sind Moving Averages (MA) und der Moving Average Convergence Divergence (MACD). Der Moving Average glättet Preisdaten, um den zugrundeliegenden Trend in einem bestimmten Zeitfenster zu erkennen. Der MACD hingegen misst die Distanz zwischen zwei gleitenden Durchschnitten, um sowohl die Richtung als auch die Stärke eines Trends zu bestimmen.

Oszillatoren werden oft verwendet, wenn ein Markt seitwärts läuft oder um überkaufte und überverkaufte Bereiche zu identifizieren. Beliebte Oszillatoren sind der Relative Strength Index (RSI) und der Stochastic Oscillator. Der RSI misst die Geschwindigkeit und Veränderung von Preisbewegungen und liefert Werte zwischen 0 und 100. Diese Werte können Trader nutzen, um überkaufte oder überverkaufte Bedingungen zu identifizieren. Der Stochastic Oscillator hingegen vergleicht den Schlusskurs einer Aktie mit ihrer Preisspanne über einen bestimmten Zeitraum.

Volumenindikatoren, wie der On-Balance-Volume (OBV) Indikator oder das Chaikin Money Flow (CMF), helfen Tradern dabei, das Interesse der Marktteilnehmer zu bewerten. Sie messen, wie viel einer Aktie gehandelt wird und ob das Geld in die Aktie hineinfließt oder aus ihr herausfließt. Steigt das Volumen während eines Aufwärtstrends, deutet dies auf eine starke Nachfrage hin. Sinkt das Volumen jedoch während eines Abwärtstrends, könnte dies auf ein abnehmendes Interesse der Verkäufer hinweisen.

Volatilitätsindikatoren, wie der Average True Range (ATR), messen die Intensität der Preisbewegungen. Ein hoher ATR weist auf eine hohe Volatilität hin, während ein niedriger ATR eine geringe Volatilität anzeigt. Trader nutzen diese Informationen, um ihre Handelsstrategien entsprechend anzupassen.

EINFÜHRUNG IN DIE FUNDAMENTALANALYSE

5.1 Bedeutung Der Fundamentalanalyse Im Day Trading

Im Spektrum der verschiedenen Analysemethoden, die im Day Trading zur Verfügung stehen, spielt die Fundamentalanalyse eine unverzichtbare Rolle. Sie ermöglicht es dem Trader, die wahren inneren Werte und das Potenzial eines Unternehmens oder einer Anlageklasse zu bewerten, weit über die bloße Analyse von Preisbewegungen und technischen Indikatoren hinaus.

Die Fundamentalanalyse konzentriert sich auf die Untersuchung der wirtschaftlichen und finanziellen Faktoren, die die Bewertung einer Aktie, eines Devisenpaares, eines Rohstoffs oder einer anderen Handelsressource beeinflussen. Diese Analyse reicht von der Untersuchung der allgemeinen Wirtschaftsbedingungen, einschließlich makroökonomischer Daten und Zinssätze, bis hin zu spezifischen Informationen über ein bestimmtes Unternehmen, wie Gewinne, Umsätze, Vermögenswerte und Verbindlichkeiten.

Im Kontext des Day Tradings kann die Fundamentalanalyse als ein Instrument dienen, um Handelsmöglichkeiten aufzudecken, die andere Trader möglicherweise übersehen. Sie kann dem Day Trader auch helfen, besser zu verstehen, warum der Markt auf bestimmte Weise reagiert und was die zukünftigen Preisbewegungen antreiben könnte.

Obwohl das Day Trading in erster Linie auf der Beobachtung und Interpretation kurzfristiger Preisbewegungen basiert, kann die Fundamentalanalyse dennoch von unschätzbarem Wert sein. Sie kann Day Tradern dabei helfen, die Hintergründe zu verstehen, die diese kurzfristigen Preisbewegungen verursachen, und somit eine stärkere Grundlage für ihre

Handelsentscheidungen bieten.

Ein Day Trader, der die Fundamentalanalyse in seine Strategie einbezieht, kann sich einen Wettbewerbsvorteil verschaffen, indem er ein tieferes Verständnis dafür erhält, warum die Preise steigen und fallen. Dies kann insbesondere hilfreich sein, wenn es darum geht, Markttrends zu erkennen und zu verstehen, wie verschiedene Ereignisse die Märkte beeinflussen können.

Insgesamt ist die Fundamentalanalyse ein entscheidendes Werkzeug für Day Trader. Sie ermöglicht es ihnen, fundierte Handelsentscheidungen zu treffen und ein umfassendes Verständnis der Faktoren zu erlangen, die den Markt antreiben. In den folgenden Unterkapiteln werden wir uns genauer mit den spezifischen Konzepten und Methoden der Fundamentalanalyse auseinandersetzen und deren Bedeutung für das erfolgreiche Day Trading herausarbeiten.

5.2 Erläuterung Von Schlüsselkonzepten Wie P/E-Verhältnis, Marktkapitalisierung, Dividenden Etc.

In diesem Abschnitt werden wir uns auf zentrale Konzepte der Fundamentalanalyse konzentrieren, die sich als nützlich erweisen können, um Unternehmen zu bewerten und fundierte Handelsentscheidungen im Day Trading zu treffen.

Beginnen wir mit dem Kurs-Gewinn-Verhältnis (P/E-Verhältnis). Es handelt sich dabei um eine Finanzkennzahl, die das Verhältnis zwischen dem aktuellen Marktpreis einer Aktie und dem Gewinn pro Aktie (EPS) des Unternehmens darstellt. Ein hohes P/E-Verhältnis könnte darauf hindeuten, dass die Aktie im Vergleich zu ihrem Gewinn überbewertet ist, während ein niedriges P/E-Verhältnis das Gegenteil signalisieren könnte. Allerdings ist zu beachten, dass das P/E-Verhältnis von vielen Faktoren beeinflusst wird und nicht isoliert betrachtet werden sollte.

Als nächstes kommt die Marktkapitalisierung ins Spiel, ein Begriff, der den Gesamtwert eines Unternehmens auf dem Aktienmarkt darstellt. Es wird berechnet, indem man den aktuellen Aktienkurs mit der Gesamtzahl der ausstehenden Aktien multipliziert. Marktkapitalisierung ist ein nützliches Werkzeug, um Unternehmen zu vergleichen und ihre relative Größe zu beurteilen. Großkapitalisierte Unternehmen (Large Caps) tendieren dazu, stabiler und weniger volatil zu sein, während Small Caps oft größere Wachstumschancen, aber auch höhere Risiken bieten.

Dividenden stellen eine weitere zentrale Komponente der Fundamentalanalyse dar. Sie repräsentieren den Anteil des Unternehmensgewinns, der an die Aktionäre ausgeschüttet wird. Ein Unternehmen, das regelmäßig Dividenden ausschüttet, kann als finanziell stabil angesehen werden, da es über ausreichend freien Cashflow verfügt. Allerdings können Unternehmen auch aus strategischen Gründen darauf verzichten, Dividenden auszuschütten, um stattdessen in Wachstum oder Schuldentilgung zu investieren.

Es gibt noch viele andere fundamentale Kennzahlen, die in einer gründlichen Analyse berücksichtigt werden sollten, darunter das Kurs-Umsatz-Verhältnis (P/S), das Kurs-Buchwert-Verhältnis (P/B), die Eigenkapitalrendite (ROE) und viele andere. Jede dieser Kennzahlen bietet einen anderen Einblick in die finanzielle Gesundheit und Leistungsfähigkeit eines Unternehmens.

Abschließend sollte angemerkt werden, dass die Fundamentalanalyse, obwohl sie äußerst nützlich ist, nicht das einzige Werkzeug sein sollte, auf das sich ein Day-Trader verlässt. Sie sollte in Kombination mit technischer Analyse, Risikomanagement-Praktiken und einer disziplinierten Handelspsychologie verwendet werden, um die besten Chancen auf Erfolg zu gewährleisten.

5.3 Unterschied Zwischen Technischer Und Fundamentaler Analyse

Nachdem wir uns in den vorangegangenen Abschnitten auf die Schlüsselkonzepte der technischen und fundamentalen

Analyse konzentriert haben, ist es nun unerlässlich, ihre Unterschiede zu beleuchten. Diese Unterscheidung ist von entscheidender Bedeutung, da sie eine solide Grundlage für die Entscheidungsfindung im Day Trading bietet. Beide Methoden verfolgen unterschiedliche Ansätze und Ziele, was sich in ihren jeweiligen Anwendungsbereichen und der Art der gewonnenen Informationen widerspiegelt.

Die technische Analyse, wie bereits beschrieben, konzentriert sich auf die Untersuchung der Preisbewegungen und Marktmuster, um zukünftige Preisentwicklungen vorherzusagen. Dabei stützt sie sich auf Charts, Mustererkennung und eine Vielzahl technischer Indikatoren. Der Glaube dahinter ist, dass alle relevanten Informationen, einschließlich der fundamentaler Natur, bereits in den Preis einfließen und daher die Analyse der Preisentwicklung ausreicht, um handelsbezogene Entscheidungen zu treffen.

Auf der anderen Seite steht die Fundamentalanalyse, die sich auf die Analyse der wirtschaftlichen und finanziellen Gesundheit eines Unternehmens konzentriert. Sie berücksichtigt eine Reihe von Faktoren, darunter Unternehmensbilanzen, Gewinn- und Verlustrechnungen, Industrietrends und makroökonomische Indikatoren, um den inneren oder "fairen" Wert eines Unternehmens zu ermitteln. Wenn dieser innere Wert stark vom aktuellen Marktpreis abweicht, kann es eine Handelsmöglichkeit geben.

Während die technische Analyse eher kurzfristige Handelsentscheidungen und Timing unterstützt, ist die Fundamentalanalyse eher für langfristige Investitionsentscheidungen geeignet. Day Trader neigen dazu, die technische Analyse zu bevorzugen, da sie auf der Suche nach schnellen, kurzfristigen Gewinnen sind und dabei Marktvolatilität und -dynamik ausnutzen. Auf der anderen Seite können langfristige Investoren die Fundamentalanalyse verwenden, um solide Unternehmen zu identifizieren, die unterbewertet sein könnten und daher ein gutes Potenzial für langfristiges Wachstum bieten.

Es ist jedoch wichtig zu verstehen, dass diese beiden Analysemethoden nicht gegenseitig ausschließend sind. Viele erfolgreiche Händler kombinieren beide Ansätze, um ein umfassenderes Bild der Marktsituation zu erhalten. Sie könnten beispielsweise die Fundamentalanalyse verwenden, um potenziell unterbewertete Unternehmen zu identifizieren, und dann die technische Analyse einsetzen, um den besten Einstiegs- und Ausstiegszeitpunkt zu bestimmen.

Um die Synergie zwischen technischer und fundamentaler Analyse zu maximieren, ist es unerlässlich, die Stärken und Schwächen jeder Methode zu verstehen. Die technische Analyse kann in Zeiten hoher Marktvolatilität und bei illiquiden Märkten an Genauigkeit verlieren, während die Fundamentalanalyse möglicherweise nicht schnell genug auf plötzliche Marktveränderungen reagieren können.

RISIKOMANAGEMENT

6.1 Definition Und Bedeutung Von Risikomanagement Im Day Trading

Risikomanagementbildet eine unverzichtbare Säule jeder effektiven Handelsstrategie. Es bezieht sich auf die systematische Identifizierung, Bewertung und Kontrolle von Risiken, die während des Handelsprozesses auftreten können. Die Quintessenz des Risikomanagements besteht darin, das Risiko in Bezug auf die potenziellen Gewinne zu optimieren und dadurch zu gewährleisten, dass die potenziellen Verluste immer in einem akzeptablen Verhältnis zu den erwarteten Gewinnen stehen.

In der volatilen Welt des Day Tradings, in der Positionen innerhalb eines einzigen Handelstages eröffnet und geschlossen werden, ist das Risikomanagement besonders kritisch. Angesichts der hohen Geschwindigkeit und der oft erheblichen Geldbeträge, die auf dem Spiel stehen, können Verluste schnell eskalieren, wenn sie nicht sorgfältig kontrolliert werden. Hier hilft das Risikomanagement den Tradern, solche unerwünschten Szenarien zu vermeiden.

Das Risikomanagement im Day Trading umfasst eine Vielzahl von Techniken und Strategien, von denen viele in den folgenden Abschnitten detaillierter erläutert werden. Dazu gehören unter anderem die Festlegung von Stop-Loss- und Take-Profit-Orders, die Diversifikation von Handelspositionen, die Begrenzung des Hebelniveaus und das ständige Monitoring der Marktkonditionen.

Aber warum ist das Risikomanagement so entscheidend im Day Trading? Die Antwort liegt in der inhärenten Unsicherheit und Volatilität der Finanzmärkte. Kein Trader, egal wie erfahren oder gut informiert, kann die Marktbedingungen mit absoluter

Sicherheit vorhersagen. Daher besteht immer das Risiko, dass ein Handel nicht wie erwartet verläuft und zu Verlusten führt. Durch ein effektives Risikomanagement können Day Trader dieses Risiko minimieren und ihre langfristige Rentabilität sichern.

Es ist wichtig zu betonen, dass das Risikomanagement nicht nur darauf abzielt, Verluste zu vermeiden. Stattdessen zielt es darauf ab, ein optimales Gleichgewicht zwischen Risiko und Rendite zu erreichen. Das bedeutet, dass Day Trader bereit sein müssen, ein gewisses Maß an Risiko zu tolerieren, um potenzielle Gewinne zu erzielen. Ein gut durchdachtes Risikomanagement ermöglicht es ihnen jedoch, dieses Risiko bewusst und kontrolliert einzugehen, anstatt blinden Chancen nachzujagen.

Zusammenfassend lässt sich sagen, dass das Risikomanagement eine entscheidende Rolle im Day Trading spielt. Durch eine sorgfältige Risikokontrolle können Day Trader sowohl ihre potenziellen Verluste begrenzen als auch ihre Gewinnchancen maximieren. Dabei handelt es sich um eine kontinuierliche Anstrengung, die Disziplin, Aufmerksamkeit und eine tiefgreifende Kenntnis der Marktdynamik erfordert.

6.2 Strategien Zur Risikominimierung Und -Kontrolle

Die erste Strategie, die ich ihnen mitgeben möchte ist die Positionsgrößenbestimmung. Dies bezieht sich auf die Menge an Kapital, die in einer einzigen Transaktion riskiert wird. Eine gängige Regel unter Day Tradern ist das Einprozent-Risiko pro Trade. Das bedeutet, dass ein Trader nicht mehr als 1% seines Handelskapitals in eine einzelne Position investiert. Durch die Begrenzung der Positionsgröße auf einen kleinen Prozentsatz des Gesamtkapitals können Trader potenzielle Verluste begrenzen und gleichzeitig genügend Kapital für zukünftige Trades erhalten.

Eine weitere Strategie ist die Diversifikation. Während Day Trader im Gegensatz zu langfristigen Investoren nicht notwendigerweise ihr Portfolio über verschiedene Sektoren und Assetklassen streuen, ist es dennoch wichtig, nicht alle Trades auf ein einziges Finanzinstrument zu konzentrieren. Durch die Streuung der Trades über verschiedene Instrumente können Day Trader das Risiko reduzieren, das mit einer einzigen Position verbunden ist.

Darüber hinaus ist die Verwendung von Hebelwirkung ein wichtiges Instrument zur Risikosteuerung. Hebelwirkung ermöglicht es Tradern, eine größere Position einzunehmen, als ihr Kapital normalerweise zulassen würde. Während dies das Potenzial für höhere Gewinne bietet, erhöht es auch das Risiko von Verlusten. Daher ist es wichtig, die Verwendung von Hebelwirkung sorgfältig zu steuern und nur dann einzusetzen, wenn es die Marktbedingungen zulassen.

Zuletzt, aber keineswegs weniger wichtig, ist die Anwendung von Risiko- und Geldmanagementtechniken. Hierzu gehört die Festlegung von Stop-Loss- und Take-Profit-Orders, die wir im nächsten Abschnitt detaillierter besprechen werden. Diese Techniken ermöglichen es den Tradern, vordefinierte Ein- und Ausstiegspunkte festzulegen, um potenzielle Verluste zu begrenzen und Gewinne zu realisieren.

Zusammengefasst sollten Day Trader proaktive und reaktive Strategien zur Risikominimierung und -kontrolle anwenden. Durch sorgfältige Positionsgrößenbestimmung, Diversifikation, bewusste Hebelwirkung und die Anwendung von Risiko- und Geldmanagementtechniken können sie das Verlustpotenzial begrenzen und ihre Chancen auf profitable Trades maximieren. Es ist wichtig, daran zu erinnern, dass kein Ansatz das Risiko vollständig eliminieren kann, sondern dass diese Strategien dazu dienen, das Risiko zu steuern und zu minimieren.

6.3 Verwendung Von Stop-Loss- Und Take-Profit-Orders

Ein Stop-Loss ist eine automatisierte Order, die ausgeführt wird, wenn der Preis eines Wertpapiers einen vordefinierten Wert erreicht. Diese Order schützt den Händler vor übermäßigen

Verlusten, indem sie die Position schließt, wenn der Markt gegen ihn läuft. Die Entscheidung, wo ein Stop-Loss platziert wird, hängt von mehreren Faktoren ab, darunter das persönliche Risikoprofil des Traders, die Volatilität des Marktes und die spezifischen Eigenschaften des gehandelten Wertpapiers.

Die Wahl des richtigen Stop-Loss-Niveaus ist eine Balance zwischen dem Wunsch, Verluste zu minimieren, und der Notwendigkeit, der Position genügend Spielraum zu geben, um normale Marktschwankungen zu absorbieren. Setzt man den Stop-Loss zu eng, kann eine Position zu früh geschlossen werden. Ist er jedoch zu weit entfernt, besteht das Risiko, größere Verluste zu erleiden.

Take-Profit-Orders sind das Gegenstück zu Stop-Loss-Orders. Eine Take-Profit-Order schließt eine Position automatisch, sobald ein bestimmtes Gewinnziel erreicht ist. Die Festlegung eines Take-Profit-Ziels hilft Händlern, ihre Gewinne zu sichern und emotionale Entscheidungen zu vermeiden, indem sie im Voraus festlegen, wann sie aussteigen werden.

Obwohl Stop-Loss- und Take-Profit-Orders nützlich sind, ist es wichtig zu beachten, dass sie nicht garantiert sind. In volatilen oder illiquiden Märkten können sogenannte "Slippage" auftreten, bei dem die Orders zu einem weniger günstigen Preis als dem eingestellten Preis ausgeführt werden. Dennoch bleiben sie ein wertvolles Instrument zur Risikokontrolle.

Alles in allem lässt sich sagen, dass Stop-Loss- und Take-Profit-Orders entscheidende Elemente in der Risikomanagementstrategie eines Day-Traders sind. Durch sorgfältige Planung und Anwendung dieser Orders können Trader ihre potenziellen Verluste begrenzen und ihre Gewinne sichern, während sie gleichzeitig vermeiden, dass Emotionen ihre Handelsentscheidungen beeinflussen.

TRADING-PSYCHOLOGIE

7.1 Bedeutung Der Psychologie Im Day Trading

Die trading Psychologie ist ein zentraler Aspekt, der häufig über Erfolg oder Misserfolg eines Traders entscheidet. Obwohl Finanzmärkte von einer Vielzahl von Faktoren beeinflusst werden - von makroökonomischen Daten über Unternehmensnachrichten bis hin zu geopolitischen Ereignissen - sind es letztendlich die Entscheidungen von Einzelpersonen und institutionellen Anlegern, die Angebot und Nachfrage formen und somit die Preisbewegungen bestimmen.

Day Trader müssen eine Vielzahl von Fähigkeiten besitzen, darunter die Fähigkeit, komplexe Finanzdaten zu analysieren, verschiedene Handelsstrategien zu beherrschen und Risiken zu managen. Aber ohne eine solide mentale und emotionale Grundlage können diese Fähigkeiten und Kenntnisse unwirksam werden. Die Psychologie im Day Trading dreht sich um die Entwicklung und den Erhalt dieser mentalen und emotionalen Stärke.

Zunächst ist es unerlässlich, die emotionalen Reaktionen, die das Trading hervorrufen kann, zu erkennen und zu verstehen. Ein plötzlicher Verlust kann zum Beispiel Gefühle von Angst, Wut oder Frustration auslösen, während ein unerwarteter Gewinn Gefühle von Euphorie und übermäßigem Selbstvertrauen hervorrufen kann. Beide Situationen können dazu führen, dass ein Trader von seinem Handelsplan abweicht, was zu noch größerem finanziellen Schaden führen kann.

Die Bedeutung der Psychologie im Day Trading geht jedoch über die Kontrolle von Emotionen hinaus. Es geht auch darum, das eigene Denken zu schärfen und mentale Fallen zu vermeiden, die die Entscheidungsfindung beeinträchtigen können. Ein Beispiel dafür ist die Bestätigungsverzerrung, bei der Trader dazu neigen, Informationen zu favorisieren, die ihre bestehenden Ansichten bestätigen, und gleichzeitig Informationen zu ignorieren, die diesen Ansichten widersprechen. Eine weitere häufige Falle ist das übermäßige Vertrauen in kürzlich erzielte Ergebnisse, auch bekannt als "Recency Bias". Trader, die Opfer dieses Bias werden, könnten annehmen, dass ihre jüngsten Gewinne oder Verluste ein genaues Bild ihrer Gesamtleistung oder der Marktbedingungen liefern, was selten der Fall ist.

Schließlich erfordert die Psychologie im Day Trading eine konsequente Anwendung von Disziplin und Geduld. Unabhängig von der Strategie, die ein Trader anwendet, ist es entscheidend, dass er diszipliniert bleibt und seinen Plan auch in Zeiten hoher Marktvolatilität oder persönlichen Stress befolgt. Geduld ist ebenfalls entscheidend, da es oft notwendig ist, auf die richtigen Marktbedingungen zu warten, bevor eine Handelsposition eröffnet oder geschlossen wird.

7.2 Vermeidung Von Fomo (Fear Of Missing Out) Und Anderen Emotionalen Fallen

Das Gebiet der Trading-Psychologie ist mit zahlreichen emotionalen Herausforderungen und Fallen besetzt, die es zu navigieren gilt. Unter diesen ist die Furcht, eine Gelegenheit zu verpassen, bekannt als FOMO (Fear of Missing Out), eine der häufigsten und schädlichsten.

FOMO entsteht, wenn ein Trader glaubt, er könnte eine potenziell profitable Handelsmöglichkeit verpassen. Diese Angst kann dazu führen, dass der Trader hastige und oft schlecht durchdachte Handelsentscheidungen trifft, meistens mit negativen finanziellen Folgen. FOMO ist besonders verbreitet in volatilen Märkten, wo sich die Preise schnell ändern und der Trader das Gefühl hat, ständig am Geschehen teilnehmen zu müssen.

Ein effektiver Weg, um FOMO zu vermeiden, ist es, sich auf das eigene Handelssystem und die eigenen Regeln zu konzentrieren, anstatt sich von den Bewegungen des Marktes mitreißen zu lassen. Ein guter Trader hat einen soliden Handelsplan und hält sich strikt an diesen Plan, unabhängig davon, was auf dem Markt geschieht.

Eine weitere gängige emotionale Falle ist die Rache-Trading-Falle. Diese tritt auf, wenn ein Trader versucht, seine Verluste durch immer aggressivere Trades auszugleichen. Diese Strategie ist in der Regel zum Scheitern verurteilt und führt nur zu weiteren Verlusten. Es ist wichtig, sich daran zu erinnern, dass Verluste Teil des Handels sind und dass es das Ziel ist, auf lange Sicht profitabel zu sein, nicht bei jedem einzelnen Trade.

Übermäßige Selbstsicherheit kann ebenfalls problematisch sein. Wenn Trader eine Reihe von erfolgreichen Trades machen, neigen sie dazu, selbstzufrieden zu werden und unnötige Risiken einzugehen. Es ist entscheidend, demütig zu bleiben und sich stets der inhärenten Unsicherheit und des Risikos des Marktes bewusst zu sein.

Um diesen und anderen emotionalen Fallen zu entkommen, müssen Trader eine disziplinierte Denkweise entwickeln. Sie müssen lernen, ihre Emotionen zu kontrollieren und ihre Handelsentscheidungen auf soliden Analysen und sorgfältig geplanten Strategien zu basieren, nicht auf Angst, Gier oder Ego. Schließlich ist es entscheidend, Selbstbewusstsein und emotionale Intelligenz zu entwickeln. Trader müssen ihre emotionalen Reaktionen auf Gewinne und Verluste verstehen und lernen, diese Emotionen effektiv zu managen. Sie müssen auch lernen, mit Stress umzugehen und ein Gleichgewicht zwischen Arbeit und Freizeit zu finden, um ein Burnout zu vermeiden.

In der nächsten Untersektion werden sie erfahren, wie man eine disziplinierte Trading-Einstellung entwickelt, die es ermöglicht, diese und andere psychologische Herausforderungen erfolgreich zu bewältigen.

Kapitel 7.3 Entwicklung Einer Disziplinierten Trading-Einstellung

In der schnelllebigen Welt des Day-Trading, wo jede Sekunde zählt, können Emotionen wie Angst und Gier den Unterschied zwischen Erfolg und Misserfolg ausmachen. Eine disziplinierte Trading-Einstellung ermöglicht es Tradern, sich von diesen Emotionen zu distanzieren und auf ihre Strategie und Analyse zu vertrauen.

Dabei ist es wichtig zu verstehen, dass eine disziplinierte Trading-Einstellung nicht von heute auf morgen entwickelt wird. Es erfordert Zeit, Praxis und vor allem Geduld. Jeder Trader erlebt Höhen und Tiefen, und es ist die Fähigkeit, mit diesen Schwankungen umzugehen und aus Fehlern zu lernen, die eine disziplinierte Trading-Einstellung ausmacht.

Eines der wichtigsten Werkzeuge, die Day-Trader zur Entwicklung dieser Disziplin nutzen können, ist das Trading-Journal. Durch das konsequente Aufzeichnen und Überprüfen von Trades, können Muster und Trends in Ihrem Trading-Verhalten identifiziert werden. Dies hilft Ihnen, Ihre Stärken zu erkennen und Bereiche zu identifizieren, die Verbesserung benötigen. Es ermöglicht Ihnen auch, Ihre Fortschritte im Laufe der Zeit zu verfolgen und hilft Ihnen, sich an Ihre Trading-Regeln zu halten.

Es ist ebenfalls wesentlich, eine Balance zwischen Flexibilität und Strenge zu finden. Während Sie Ihre Trading-Regeln strikt befolgen sollten, müssen Sie auch in der Lage sein, sich an verändernde Marktbedingungen anzupassen. Das bedeutet, dass Sie Ihre Strategie und Ansätze regelmäßig überprüfen und gegebenenfalls anpassen sollten.

Die Entwicklung einer disziplinierten Trading-Einstellung erfordert auch eine gesunde Einstellung zu Verlusten. Verluste sind im Day-Trading unvermeidlich und es ist wichtig, sie als Teil des Prozesses zu akzeptieren. Ein erfolgreicher Trader lässt sich von Verlusten nicht entmutigen, sondern nutzt sie als Lerngelegenheiten.

Zusammenfassend lässt sich sagen, dass eine disziplinierte Trading-Einstellung ein entscheidender Faktor für den Erfolg im Day-Trading ist. Sie ermöglicht es Ihnen, logische, überlegte

Entscheidungen zu treffen, Ihre Emotionen zu kontrollieren und konsequent auf Ihrem Weg zum Erfolg zu bleiben. Es erfordert harte Arbeit, Ausdauer und vor allem die Bereitschaft, aus Fehlern zu lernen und sich kontinuierlich zu verbessern. Aber wenn man diese Disziplin einmal verinnerlicht hat, ist sie ein mächtiges Werkzeug, das Ihnen dabei helfen kann, die Herausforderungen und Chancen, die das Day-Trading mit sich bringt, zu meistern.

RECHTLICHE ASPEKTE UND REGULIERUNGEN

8.1 Wichtige Regulierungen Und Gesetze Im Day Trading

Mit dem Aufkommen des Day Tradings als lukrative Anlageklasse haben auch die Gesetzgeber und Aufsichtsbehörden auf der ganzen Welt ihre Bemühungen verstärkt, die Handelsaktivitäten zu regulieren. Diese Regulierungen sollen sowohl den Investor als auch den Markt schützen. Day Trading ist zwar eine freie Tätigkeit, aber sie unterliegt gewissen Einschränkungen und Gesetzen, die beachtet werden müssen, um rechtliche Konsequenzen zu vermeiden.

Eines der wichtigsten Gesetze, das Day Trader betrifft, ist das "Pattern Day Trader"-Gesetz. Laut der Financial Industry Regulatory Authority (FINRA), einer selbstregulierenden Organisation in den USA, gilt ein Investor als Pattern Day Trader, wenn er innerhalb von fünf Geschäftstagen vier oder mehr Day Trades durchführt, vorausgesetzt, dass die Anzahl dieser Trades mehr als sechs Prozent der gesamten Trades des Kunden auf dem Konto während dieser Zeitperiode ausmacht. Nach dieser Regelung müssen Pattern Day Trader ein Mindestkonto von $25.000 aufrechterhalten.

Weitere wichtige Regulierungen betreffen den Leerverkauf. Leerverkäufe, bei denen Trader Aktien verkaufen, die sie nicht besitzen, in der Hoffnung, sie später zu einem niedrigeren Preis zurückkaufen zu können, unterliegen bestimmten Regulierungen. In den USA beispielsweise müssen Trader die sogenannte "Uptick-Regel" beachten, die besagt, dass eine Aktie nur leerverkauft werden darf, wenn der letzte gehandelte Preis höher ist als der vorherige.

Darüber hinaus gelten für den Handel mit Derivaten,

wie Optionen und Futures, weitere spezielle Regulierungen. Beispielsweise verlangt die Commodity Futures Trading Commission (CFTC) in den USA, dass Futures-Trader eine bestimmte Marge hinterlegen, um ihre Positionen abzusichern. Der Handel mit Optionen ist ebenfalls streng reguliert und erfordert eine vorherige Genehmigung durch den Broker.

Es ist unerlässlich, dass Day Trader sich mit den relevanten Gesetzen und Regulierungen in ihrem Land vertraut machen. Verstöße gegen diese Regulierungen können zu schweren Geldstrafen oder sogar zum Ausschluss vom Handel führen. Daher sollten Trader stets die rechtlichen Aspekte ihrer Handelsaktivitäten berücksichtigen und gegebenenfalls rechtlichen Rat einholen.

8.2 Verstehen Der Rolle Der Aufsichtsbehörden

Aufsichtsbehörden schaffendie rechtlichen Rahmenbedingungen und überwachen die Einhaltung von Gesetzen und Vorschriften auf den Finanzmärkten. Darüber hinaus bieten sie auch Schutz für Trader und Anleger vor betrügerischen Praktiken.

In den Vereinigten Staaten zum Beispiel ist die Securities and Exchange Commission (SEC) dafür verantwortlich, den Aktienhandel zu regulieren. Sie stellt sicher, dass alle Transaktionen fair und transparent durchgeführt werden und dass die Unternehmen, die an den Börsen notiert sind, die gesetzlichen Anforderungen erfüllen. Ein weiterer wichtiger Akteur in den USA ist die Financial Industry Regulatory Authority (FINRA), eine Selbstregulierungsorganisation, die Regeln und Standards für Broker-Dealer festlegt und durchsetzt. In Europa hingegen übernimmt die Europäische Wertpapier- und Marktaufsichtsbehörde (ESMA) eine ähnliche Rolle auf supranationaler Ebene, während die einzelnen Mitgliedsstaaten zusätzlich ihre eigenen nationalen Behörden haben, wie die Bundesanstalt für Finanzdienstleistungsaufsicht (BaFin) in Deutschland.

Diese Behörden setzen nicht nur Vorschriften durch, sondern sie legen auch die rechtlichen Rahmenbedingungen für das Day-Trading fest. So hat die SEC beispielsweise die Regel für Pattern Day Trader (PDT) eingeführt, nach der Trader, die innerhalb von fünf Geschäftstagen vier oder mehr Day-Trades ausführen, als PDT eingestuft und bestimmten Margin-Anforderungen unterworfen werden.

Die Aufsichtsbehörden tragen auch zur Aufklärung und Bildung von Tradern und Anlegern bei. Sie bieten eine Fülle von Ressourcen und Leitfäden, um das Verständnis für den Handel und die damit verbundenen Risiken zu verbessern.

Das Verständnis der Rolle und Funktion der Aufsichtsbehörden ist entscheidend für den Erfolg im Day-Trading. Ein umfassendes Wissen über die geltenden Regulierungen hilft Tradern, mögliche rechtliche Fallstricke zu vermeiden und ihre Handelsaktivitäten im Einklang mit den Gesetzen und Vorschriften durchzuführen. Es ermöglicht ihnen auch, informierte und sichere Handelsentscheidungen zu treffen und letztendlich ein nachhaltiges und erfolgreiches Trading-Geschäft aufzubauen.

8.3 Erläuterung Von Margin-Anforderungen Und Anderen Vorschriften

Die Margin-Anforderungen, die von Finanzinstitutionen und Regulierungsbehörden festgelegt werden, stellen einen weiteren wichtigen rechtlichen Aspekt im Day-Trading dar. Sie beziehen sich auf die Menge an Kapital, die Trader auf ihren Konten halten müssen, um Positionen eröffnen und halten zu können. Diese Anforderungen können erhebliche Auswirkungen auf die Handelsaktivitäten eines Day-Traders haben, da sie seine Fähigkeit zur Aufnahme von Positionen und zur Erzielung von Gewinnen direkt beeinflussen.

Die Margin-Anforderungen werden typischerweise als Prozentsatz des Gesamtwerts der offenen Positionen ausgedrückt. Sie variieren je nach Art der gehandelten

Finanzinstrumente und der spezifischen Risiken, die mit diesen Instrumenten verbunden sind. Beispielsweise können höhere Margin-Anforderungen für volatile Aktien oder Derivate festgelegt werden, da sie ein höheres Risiko für den Broker und den Trader darstellen.

In Europa hingegen legen die Europäische Wertpapier- und Marktaufsichtsbehörde (ESMA) und nationale Regulierungsbehörden wie die Bundesanstalt für Finanzdienstleistungsaufsicht (BaFin) in Deutschland die Margin-Anforderungen fest. Diese Behörden haben auch spezifische Leverage-Beschränkungen für verschiedene Finanzinstrumente eingeführt, um die Risiken für Kleinanleger zu begrenzen.

Neben den Margin-Anforderungen müssen sich Day-Trader auch an andere Vorschriften halten, die von den Regulierungsbehörden eingeführt wurden. Dazu gehören unter anderem Vorschriften zur Geldwäschebekämpfung (Anti-Money Laundering, AML), Know-Your-Customer (KYC)-Richtlinien und Regeln zur Offenlegung von Interessenkonflikten. Diese Regeln sollen den fairen und transparenten Ablauf der Finanzmärkte sicherstellen und die Verbraucher schützen.

Es ist wichtig zu betonen, dass die Verantwortung für die Einhaltung aller relevanten Gesetze und Vorschriften beim Trader liegt. Daher ist es ratsam, sich mit den spezifischen Anforderungen und Regeln, die auf die eigene Trading-Aktivität Anwendung finden, vertraut zu machen. Bei Unklarheiten sollten Trader rechtlichen Rat einholen, um sicherzustellen, dass sie ihre Aktivitäten im Einklang mit den geltenden Gesetzen und Vorschriften durchführen.

ERSTELLEN EINES TRADING-PLANS

9.1 Bedeutung Eines Gut Definierten Trading-Plans

Ein qualitativ hochwertiger Trading-Plan ist das Rückgrat eines jeden erfolgreichen Traders. Ein solcher Plan dient als strukturierte Anleitung, die sowohl den Rahmen für effektive Entscheidungsfindung als auch Klarheit und Konsistenz in Ihren Trading-Aktivitäten bietet. Denken Sie daran, dass das Day Trading mit vielen variablen Faktoren verbunden ist, die leicht überwältigend sein können, wenn man ohne klaren Plan handelt. Ein umfassender Trading-Plan ist daher unverzichtbar, um sich in der hektischen und oft unvorhersehbaren Welt des Day Tradings zurechtzufinden.

Der Hauptzweck eines Trading-Plans ist es, Disziplin in Ihre Handelspraktiken zu bringen. Durch die Bereitstellung klarer Leitlinien, die Ihre Handelsziele, die Auswahl von Wertpapieren, Ein- und Ausstiegspunkte, Risikotoleranz und andere wichtige Parameter definieren, kann ein Trading-Plan dazu beitragen, impulsives und emotionales Handeln zu vermeiden. Ein gut definierter Trading-Plan ermöglicht es Ihnen auch, Ihre Handelsleistung systematisch zu bewerten und zu verbessern. Durch die Nachverfolgung Ihrer Trades im Rahmen eines vordefinierten Plans können Sie Muster und Tendenzen in Ihren Handelspraktiken erkennen, Ihre Stärken und Schwächen analysieren und letztlich effektive Strategien zur Verbesserung Ihrer Performance entwickeln. Denken Sie daran, dass Day Trading nicht nur eine Frage des Geldverdienens ist, sondern auch eine Frage der kontinuierlichen Verbesserung und des Lernens aus Erfahrungen.

In diesem Kapitel werden wir die Schlüsselelemente eines erfolgreichen Trading-Plans untersuchen und erarbeiten wie man sie effektiv gestaltet. Wir werden auch die Bedeutung der ständigen Überprüfung und Anpassung Ihres Trading-Plans betonen, um sicherzustellen, dass er kontinuierlich an Ihre Handelspraktiken, die Marktbedingungen und Ihre persönlichen Ziele und Bedürfnisse angepasst ist.

Um zusammenzufassen, ein gut definierter Trading-Plan:

-Stellt klare Regeln und Richtlinien für Ihre Handelsaktivitäten bereit

-Fördert Disziplin und verhindert impulsives und emotionales Handeln

-Ermöglicht es Ihnen, Ihre Handelsleistung systematisch zu bewerten und zu verbessern

-Muss regelmäßig überprüft und an Ihre Bedürfnisse und Marktbedingungen angepasst werden.

Im nächsten Abschnitt werden wir uns auf die spezifischen Faktoren konzentrieren, die bei der Erstellung eines effektiven Trading-Plans zu berücksichtigen sind.

9.2 Faktoren Zur Berücksichtigung Beim Erstellen Eines Trading-Plans

Ein Trading-Plan agiert als Leitfaden, der Sie durch die Unsicherheit des Marktes navigiert und Ihnen hilft, diszipliniert und fokussiert zu bleiben. Bei der Erstellung Ihres Trading-Plans sind mehrere Faktoren zu berücksichtigen.

Erstens, definieren Sie Ihr persönliches Ziel. Bestimmen Sie, was Sie erreichen wollen - sei es eine bestimmte finanzielle Rendite, der Aufbau eines Vermögens oder die finanzielle Sicherheit. Jeder Trader hat unterschiedliche Ziele, und Ihr Trading-Plan muss auf Ihr spezifisches Ziel ausgerichtet sein.

Zweitens, stellen Sie Ihre Risikobereitschaft fest. Wie viel Kapital sind Sie bereit, bei jedem Trade zu riskieren? Diese Regel hilft Ihnen, Verluste zu minimieren und Ihr Kapital zu schützen.

Drittens, entscheiden Sie, welche Märkte Sie handeln wollen. Wollen Sie Aktien, Anleihen, Futures, Optionen oder Kryptowährungen handeln? Jeder Markt hat seine eigenen Charakteristika und Risiken, und Ihr Trading-Plan sollte diese

Faktoren berücksichtigen.

Viertens, bestimmen Sie Ihre Handelsstrategie. Ihre Strategie kann auf technischer Analyse, fundamentaler Analyse, einer Kombination von beidem oder auf anderen Faktoren basieren. Ihre Strategie sollte auch festlegen, unter welchen Bedingungen Sie in einen Trade einsteigen und aus ihm aussteigen werden.

Fünftens, erstellen Sie einen Plan für das Risikomanagement. Ihr Plan sollte Strategien für die Eingrenzung von Verlusten, wie zum Beispiel Stop-Loss-Orders, sowie für die Mitnahme von Gewinnen, wie Take-Profit-Orders, enthalten. Ihr Risikomanagementplan sollte auch festlegen, wie Sie Ihre offenen Positionen verwalten und wie Sie Ihr Portfolio diversifizieren.

Sechstens, legen Sie fest, wie Sie Ihre Trading-Leistung überprüfen und Ihren Plan anpassen werden. Sie sollten regelmäßige Überprüfungen durchführen, um sicherzustellen, dass Ihr Plan effektiv ist und um notwendige Anpassungen vorzunehmen. Sie sollten auch bereit sein, Ihren Plan zu ändern, wenn sich Ihre Ziele, Ihre Risikobereitschaft oder die Marktbedingungen ändern.

Ein gut durchdachter Trading-Plan isz das Fundament für Ihr Trading-Ergebnis. Es ist wichtig, dass Sie sich die Zeit nehmen, um einen Plan zu erstellen, der Ihre Ziele, Ihre Risikobereitschaft, die Märkte, die Sie handeln wollen, Ihre Handelsstrategie, Ihr Risikomanagement und Ihre Überprüfungs- und Anpassungsstrategien berücksichtigt. Mit einem soliden Trading-Plan können Sie diszipliniert und fokussiert bleiben und den Erfolg Ihres Tradings maximieren.

9.3 Überprüfung Und Anpassung Des Trading-Plans

Ein Trading-Plan ist nicht statisch, sondern ein dynamisches Werkzeug, das ständig überprüft und angepasst werden muss, um sich ändernden Marktbedingungen, persönlichen Umständen oder neuen Erkenntnissen gerecht zu werden. Die Überprüfung und Anpassung Ihres Trading-Plans ist ein wichtiger Bestandteil Ihrer Handelsstrategie und sollte in regelmäßigen Abständen erfolgen.

Überprüfung des Trading-Plans: Es ist wichtig, den Trading-Plan regelmäßig zu überprüfen, um sicherzustellen, dass er noch zu Ihren Zielen und Ressourcen passt. Dies könnte auf einer monatlichen, vierteljährlichen oder jährlichen Basis geschehen, abhängig von Ihrer persönlichen Situation und der Art des Handels, den Sie betreiben. Eine solche Überprüfung sollte eine gründliche Analyse Ihrer Handelsaktivitäten und -ergebnisse umfassen, einschließlich der Gewinn- und Verlustrechnung, der durchschnittlichen Gewinne und Verluste, der Gewinnrate und des Risiko-Ertrags-Verhältnisses. Sie sollten auch Ihre psychologische Reaktion auf Gewinne und Verluste sowie andere Faktoren, die Ihr Handeln beeinflussen könnten, wie z.B. Stress oder Veränderungen in Ihrer Lebenssituation, berücksichtigen.

Anpassung des Trading-Plans: Auf der Grundlage der Überprüfung können Sie Anpassungen an Ihrem Trading-Plan vornehmen. Diese könnten kleinere Modifikationen sein, wie die Anpassung der Größe Ihrer Positionen oder die Änderung der Paramater Ihrer technischen Indikatoren, oder sie könnten umfangreichere Änderungen beinhalten, wie die Überarbeitung Ihrer Handelsstrategie oder der Einsatz zusätzlicher Tools und Ressourcen. Jede Anpassung sollte darauf abzielen, Ihre Leistung zu verbessern, Ihr Risiko zu minimieren oder Ihre Ziele besser zu erreichen.

Die Anpassung Ihres Trading-Plans sollte jedoch nie aufgrund kurzfristiger Verluste oder Emotionen erfolgen. Stattdessen sollte sie auf einer gründlichen Analyse und Überlegung beruhen. Sie sollten auch bedenken, dass nicht jede Anpassung sofort zu verbesserten Ergebnissen führen wird. Manchmal erfordert eine neue Strategie oder ein neuer Ansatz Zeit und Geduld, um ihre Wirksamkeit zu zeigen.

Es ist wichtig zu betonen, dass eine konsequente Anwendung des Trading-Plans entscheidend ist. Anpassungen sollten nicht dazu führen, dass der Plan ständig verändert wird. Vielmehr sollten sie dazu dienen, den Plan effektiver zu machen und an die sich ändernden Bedingungen auf dem Markt anzupassen.

Abschließend lässt sich sagen, dass die Überprüfung und Anpassung des Trading-Plans ein integraler Bestandteil eines erfolgreichen Day-Trading ist. Sie ermöglichen es Ihnen, Ihr Handeln zu verbessern, Ihr Risiko zu kontrollieren und Ihre Ziele effektiver zu erreichen. Denken Sie daran, dass ein guter Trading-Plan ein lebendiges Dokument ist, das wachsen und sich entwickeln sollte, ebenso wie Sie als Trader.

AUSWAHL EINES BROKERS UND EINRICHTUNG EINES HANDELSKONTOS

10.1 Faktoren Zur Berücksichtigung Bei Der Auswahl Eines Brokers

Die Wahl des richtigen Brokers ist ein entscheidender Schritt auf dem Weg zum erfolgreichen Day Trading. Dabei ist es wichtig, verschiedene Aspekte zu berücksichtigen, um die Wahl zu treffen, die am besten zu den eigenen Handelszielen, Strategien und Ressourcen passt.

Erstens, stellen Sie sicher, dass der Broker in Ihrem Land reguliert und lizenziert ist. Die zuständige Regulierungsbehörde hängt von der Region ab, in der der Broker tätig ist. Beispielsweise sollten in der EU ansässige Broker von der CySEC in Zypern oder der FCA im Vereinigten Königreich reguliert werden. Überprüfen Sie immer den regulatorischen Status eines Brokers, um sicherzustellen, dass Ihr Kapital im Falle von Streitigkeiten geschützt ist.

Zweitens, prüfen Sie die Handelsplattformen, die vom Broker angeboten werden. Diese sollten benutzerfreundlich sein und alle notwendigen Funktionen für die Durchführung Ihrer Handelsstrategie bereitstellen. Prüfen Sie, ob die Plattform auch auf mobilen Geräten verfügbar ist, um die Flexibilität Ihres Handels zu gewährleisten.

Drittens, vergleichen Sie die Gebühren und Kommissionen der verschiedenen Broker. Jeder Trade, den Sie tätigen, zieht Gebühren nach sich. Daher ist es wichtig, einen Broker zu wählen, dessen Gebührenstruktur Ihre Rentabilität nicht beeinträchtigt. Berücksichtigen Sie dabei sowohl die Handelsgebühren als auch andere Kosten, wie Inaktivitätsgebühren oder Gebühren für Ein- und

Auszahlungen.

Viertens, prüfen Sie den Kundenservice des Brokers. Bei technischen Problemen oder Fragen zu Ihrem Konto ist ein effektiver und zugänglicher Kundenservice von entscheidender Bedeutung. Prüfen Sie, ob der Broker mehrere Kontaktwege bietet und wie schnell und effizient sie auf Anfragen reagieren.

Schließlich sollten Sie die Auswahl der handelbaren Instrumente in Betracht ziehen. Verschiedene Broker bieten unterschiedliche Märkte an, von Aktien und Anleihen bis hin zu Kryptowährungen. Wählen Sie einen Broker, der Zugang zu den Märkten bietet, die Sie handeln möchten. D ie Auswahl des richtigen Brokers eine sorgfältige Untersuchung und Vergleich. Überstürzen Sie diesen Schritt nicht, sondern nehmen Sie sich die Zeit, die Sie brauchen, um den Broker zu finden, der Ihren Anforderungen am besten gerecht wird. Ihr zukünftiger Handelserfolg hängt davon ab.

Kapitel 10.2: Unterschiedliche Arten Von Handelskonten

Mit dem Verständnis der wichtigen Faktoren bei der Auswahl eines Brokers ist der nächste Schritt im Prozess die Entscheidung für die Art des Handelskontos, das am besten zu Ihren individuellen Bedürfnissen und Zielen passt. Es ist wichtig zu beachten, dass nicht alle Handelskonten gleich sind. Unterschiedliche Arten von Konten bieten unterschiedliche Funktionen, und was für einen Trader geeignet ist, ist möglicherweise nicht für einen anderen geeignet.

Die gängigsten Kontotypen sind das Standardkonto, das Minikonto und das Managed-Konto. Ein Standardkonto erfordert oft eine höhere Mindesteinlage, bietet jedoch den Zugang zu einer breiten Palette von Funktionen und Services. Ein Minikonto ist ideal für Anfänger, die mit einer kleineren Einlage starten wollen, während ein Managed-Konto von einem professionellen Trader oder einem automatisierten System verwaltet wird.

Zunächst ist das Standardkonto der am häufigsten verwendete

Kontotyp unter Day-Tradern. Es bietet den vollen Zugang zu allen Funktionen der Handelsplattform und wird normalerweise durch eine Mindesteinlage von 2.000 bis 5.000 Euro eröffnet. Dieses Konto ermöglicht den Handel mit der maximalen Hebelwirkung, die der Broker bietet, und gibt den Tradern auch Zugang zu fortschrittlicheren Handelswerkzeugen.

Für Anfänger oder Trader, die mit einer kleineren Einlage beginnen möchten, ist das Minikonto eine geeignete Option. Die Mindesteinlage für dieses Konto ist deutlich niedriger, oft nur wenige hundert Euro. Die Hebelwirkung und der Zugang zu fortschrittlichen Handelswerkzeugen können jedoch begrenzt sein. Trotz dieser Einschränkungen kann ein Minikonto eine gute Wahl für Trader sein, die die Mechanismen des Marktes erlernen oder neue Strategien testen möchten.

Ein Managed-Konto, auch als PAMM- (Percentage Allocation Management Module) oder MAM- (Multi-Account Manager) Konto bekannt, ist eine weitere Möglichkeit, die vor allem für diejenigen geeignet ist, die keine Zeit haben, den Markt ständig zu verfolgen oder die das nötige Wissen und die Erfahrung für erfolgreiche Trades fehlt. Bei dieser Art von Konto übernimmt ein professioneller Trader oder ein automatisiertes Handelssystem die Verantwortung für das Trading. Es ist wichtig zu beachten, dass trotz der potenziellen Vorteile, die ein Managed-Konto bieten kann, das Risiko von Verlusten weiterhin besteht.

Darüber hinaus gibt es spezielle Kontotypen wie Islamische Konten (Islamic Accounts) , die keine Zinsen auf offene Positionen über Nacht berechnen, was sie für Muslime geeignet macht, oder VIP-Konten, die für Trader mit hohen Volumina und Einlagen maßgeschneidert sind.

Die Wahl des Kontotyps auf einer gründlichen Überprüfung Ihrer individuellen Bedürfnisse, Ziele und Risikotoleranz beruhen. Es ist empfehlenswert, die Gebührenstruktur, die Regulierungsbehörden und die angebotenen Services jedes Kontos sorgfältig zu prüfen, bevor Sie eine Entscheidung treffen.

10.3 Einrichten Eines Demokontos

Der Schritt zur Einrichtung eines Demokontos ist ein essenzieller Teil des Prozesses zur Auswahl eines Brokers und der Einrichtung eines Handelskontos. Es handelt sich dabei um ein Konto, das mit virtuellem Geld ausgestattet ist und es Ihnen ermöglicht, Handelsstrategien zu testen, ohne tatsächliches Kapital zu riskieren. Demokonten sind von unschätzbarem Wert, um das Trading zu erlernen und Erfahrung zu sammeln, bevor Sie in den tatsächlichen Handel einsteigen.

Vor der Eröffnung eines Demokontos sollten Sie eine gründliche Recherche durchführen und sicherstellen, dass der Broker Ihrer Wahl ein solches Konto anbietet. Einige Broker stellen ihre Demokonten nur für einen begrenzten Zeitraum zur Verfügung, während andere unbegrenzten Zugang gewähren. Achten Sie darauf, die Bedingungen und Konditionen zu überprüfen, bevor Sie sich entscheiden.

Bei der Einrichtung eines Demokontos sollten Sie sich mit der Handelsplattform des Brokers vertraut machen. Lernen Sie die verschiedenen Funktionen und Tools kennen und verstehen, wie Sie diese verwenden können. Es ist auch empfehlenswert, verschiedene Handelsstrategien auf dem Demokonto auszuprobieren und zu sehen, welche am besten zu Ihrem individuellen Trading-Stil passen.

Es ist wichtig zu betonen, dass obwohl Demokonten eine großartige Möglichkeit sind, das Trading zu üben und Strategien zu testen, sie den emotionalen Aspekt des Tradings nicht simulieren können. Im realen Handel kann die Angst, tatsächliches Geld zu verlieren, zu impulsiven Entscheidungen führen. Daher ist es wichtig, dass Sie, wenn Sie sich bereit fühlen, den Schritt zum Live-Handel machen und sich der damit verbundenen psychologischen Herausforderungen bewusst sind.

Auch wenn der Übergang vom Demokonto zum Live-Handel einschüchternd sein kann, ist es ein notwendiger Schritt, um ein erfolgreicher Day Trader zu werden. Bedenken Sie, dass die Erfahrungen, die Sie auf dem Demokonto gesammelt haben, eine solide Grundlage für Ihren Erfolg im echten Handel darstellen.

EINRICHTEN EINER HANDELSPLATTFORM

11.1 Einführung In Gängige Handelsplattformen

Eine Handelsplattform ist eine Software-Anwendung, die Händlern den Zugang zu den Finanzmärkten ermöglicht. Durch diese können sie Marktdaten in Echtzeit ansehen, Analysen durchführen, Handelsaufträge platzieren und ihre offenen Positionen verwalten. Es gibt eine Vielzahl von Handelsplattformen, von denen jede ihre eigenen speziellen Funktionen, Vor- und Nachteile hat. Bei der Auswahl einer Plattform sollten die individuellen Handelsziele, die Strategie sowie die persönlichen Vorlieben berücksichtigt werden.

Die bekanntesten Handelsplattformen sind MetaTrader, NinjaTrader, cTrader und die TradingView-Plattform. MetaTrader, mit seinen Versionen MT4 und MT5, ist besonders beliebt bei Forex-Tradern und bietet erweiterte Charting-Funktionen, eine Vielzahl von technischen Indikatoren, und die Möglichkeit, automatisierte Handelssysteme, sogenannte Expert Advisors (EAs), zu erstellen und zu verwenden.

NinjaTrader hingegen wird oft von Futures-Tradern bevorzugt, bietet aber auch Unterstützung für den Forex- und Aktienhandel. Es bietet fortschrittliche Charting-Funktionen, Backtesting-Funktionen und unterstützt den algorithmischen Handel.

cTrader ist eine weitere Handelsplattform, die speziell für Forex- und CFD-Trading entwickelt wurde. Sie zeichnet sich durch eine intuitive Benutzeroberfläche, schnelle Ausführungsgeschwindigkeiten und hochwertige Charting-Tools aus.

TradingView ist eine webbasierte Plattform, die umfangreiche Charting-Funktionen, Zugang zu einer breiten Palette von

Märkten und soziale Netzwerkfunktionen bietet, die es den Händlern ermöglichen, Ideen zu teilen und voneinander zu lernen.

Diese Handelsplattformen sind nur einige von vielen und die Auswahl der passenden Plattform hängt stark von den individuellen Anforderungen und Präferenzen ab. Es ist daher wichtig, verschiedene Plattformen zu testen, um die für Sie beste zu finden. Viele Broker bieten Demo-Konten an, mit denen Sie die Funktionalität der Plattform ausprobieren können, bevor Sie sich für eine entscheiden.

Ebenfalls wichtig zu bedenken ist, dass nicht alle Plattformen für alle Arten von Finanzinstrumenten geeignet sind. So sind einige Plattformen besser für den Forex-Handel geeignet, während andere mehr auf den Aktien- oder Futures-Handel ausgerichtet sind. Es ist daher wichtig, eine Plattform zu wählen, die gut zu den von Ihnen gehandelten Finanzinstrumenten passt.

Am Ende ist das Ziel, eine Handelsplattform zu finden, die es Ihnen ermöglicht, effizient und effektiv zu handeln, und die Ihnen alle Tools zur Verfügung stellt, die Sie benötigen, um informierte und zeitnahe Handelsentscheidungen zu treffen.

11.2 Anpassung Der Handelsplattform An Individuelle Bedürfnisse

Das Anpassen der Handelsplattform an individuelle Bedürfnisse ist ein unerlässlicher Schritt für Day Trader. Die Möglichkeiten zur Anpassung variieren von Plattform zu Plattform, aber grundlegende Funktionen wie die Farbschemata, Layout-Optionen und die Art und Weise, wie Informationen angezeigt werden, können in der Regel modifiziert werden, um eine intuitivere Benutzeroberfläche zu schaffen.

Eine zentrale Anpassungsoption ist die Darstellung der Charts. Je nach Handelsstrategie können Trader verschiedene Chart-Typen bevorzugen. Während zum Beispiel Candlestick-Charts für ihre Fähigkeit, Preistrends und Marktvolumen sichtbar zu machen, geschätzt werden, ziehen andere Trader vielleicht Linien- oder Balkencharts vor. Die meisten Plattformen erlauben die Wahl des Chart-Typs und ermöglichen sogar das gleichzeitige Anzeigen mehrerer Chart-Typen.

Des Weiteren können Indikatoren und Oszillatoren, die in Kapitel 4 ausführlich behandelt wurden, zur Chart-Ansicht hinzugefügt werden. Trader haben oft bestimmte Indikatoren, die sie regelmäßig verwenden, und es ist hilfreich, diese schnell und einfach auf dem Chart anzeigen zu können. Die Möglichkeit, die Darstellung dieser Indikatoren anzupassen, etwa durch Änderung der Linienstärke oder Farbe, kann die Lesbarkeit der Charts verbessern.

Anpassungen können auch im Hinblick auf die Anordnung der Elemente auf der Plattform vorgenommen werden. Beispielsweise können Händler entscheiden, wo sie ihre Watchlists, offene Orders, Account-Informationen oder Newsfeeds anzeigen möchten. Eine gut organisierte Plattform kann die Effizienz des Handels deutlich erhöhen und Verzögerungen, die durch das Suchen nach bestimmten Informationen entstehen, vermeiden.

Die Möglichkeit, die Handelsplattform mit Hotkeys zu versehen, ist eine weitere wichtige Anpassungsoption. Mit Hotkeys können Trader Befehle wie das Öffnen oder Schließen von Positionen, das Einstellen von Stop-Loss- oder Take-Profit-Orders und andere Aktionen mit einer einzigen Tastenkombination durchführen. Durch die Verwendung von Hotkeys können Trader schneller reagieren, was in den schnellen Bewegungen der Finanzmärkte entscheidend sein kann.

Insgesamt ist das Ziel der Anpassung der Handelsplattform, eine Umgebung zu schaffen, in der sich der Trader wohl fühlt und die seine individuellen Anforderungen und Präferenzen erfüllt. Es ist wichtig, Zeit in diese Anpassungen zu investieren, um die Effektivität und Effizienz des Handels zu maximieren. Dabei sollte der Trader die Plattform so gestalten, dass sie seine Trading-Strategie optimal unterstützt und dass er alle

Funktionen schnell und intuitiv bedienen kann.

EINRICHTEN VON TRADING-TOOLS UND RESSOURCEN

12.1 Übersicht Über Hilfreiche Trading-Tools

Trading-Tools erleichtern nicht nur die Marktanalyse, sondern optimieren auch die Ausführung von Trades. In diesem Abschnitt geben wir einen Überblick über die gängigen Tools und wie sie Ihre Trading-Erfahrung verbessern können.

Trading-Software: Dies umfasst Handelsplattformen und Charting-Pakete, die Händlern den Zugang zu Realtime-Marktdaten ermöglichen und eine Schnittstelle für die Durchführung von Trades bieten. Viele Handelsplattformen enthalten auch Analysewerkzeuge und technische Indikatoren, die für die technische Analyse und das Identifizieren von Handelsmöglichkeiten verwendet werden können.

Marktscanner: Diese Tools ermöglichen es Händlern, den Markt effizient zu scannen und potenzielle Handelsmöglichkeiten zu identifizieren. Sie können auf bestimmte Kriterien eingestellt werden, wie zum Beispiel das Erreichen von Hoch- oder Tiefständen, Preisdurchbrüche oder das Überschreiten bestimmter Volumenschwellen.

Automatisierte Handelssysteme: Diese Systeme erlauben es Händlern, Algorithmen zu erstellen, die automatisch Handelsentscheidungen basierend auf festgelegten Kriterien treffen. Sie können dabei helfen, Disziplin zu bewahren und Emotionen aus dem Trading-Prozess zu eliminieren. Allerdings erfordern sie eine sorgfältige Überwachung und regelmäßige Anpassungen.

Wirtschaftskalender: Sie sind unerlässlich für Day Trader, um über wichtige Wirtschaftsdaten und Ereignisse informiert zu bleiben, die sich auf den Markt auswirken könnten. Diese können Zinsentscheidungen von Zentralbanken,

Beschäftigungsberichte, BIP-Daten und andere wichtige Wirtschaftsindikatoren umfassen.

Social-Trading-Plattformen: Sie ermöglichen es Tradern, die Strategien und Trades anderer Trader zu verfolgen und gegebenenfalls zu kopieren. Sie können eine wertvolle Informationsquelle und Lernmöglichkeit sein, erfordern aber dennoch ein gewisses Maß an Vorsicht und eigenständiger Analyse.

Es ist wichtig zu beachten , dass kein Trading-Tool alleine den Erfolg garantiert. Jedes dieser Werkzeuge ist nur so gut wie der Trader, der es verwendet. Die Verwendung von Trading-Tools sollte Teil einer umfassenden Trading-Strategie sein, die auch ein sorgfältiges Risikomanagement, eine genaue Marktanalyse und eine disziplinierte Ausführung beinhaltet.

In den folgenden Abschnitten dieses Kapitels werden wir uns genauer damit beschäftigen, wie Sie diese Tools effektiv einsetzen und in Ihre Trading-Praxis integrieren können. Wir werden auch untersuchen, wie Sie Nachrichten-Feeds und Marktdaten nutzen, sowie die Vorteile von Handelsjournalen und Performance-Trackern erörtern.

12.2 Verwendung Von Nachrichten-Feeds Und Marktdaten

Nachdem wir in Kapitel 12.1 hilfreiche Trading-Tools betrachtet haben, wenden wir uns nun der Anwendung von Nachrichten-Feeds und Marktdaten zu. Die Bedeutung dieser beiden Ressourcen für das Day-Trading kann nicht genug betont werden, da sie eine essentielle Rolle bei der Informationsbeschaffung und Entscheidungsfindung spielen.

Nachrichten-Feeds:

Die Märkte reagieren oft unmittelbar und heftig auf wichtige Nachrichten. Sie können aus einer Vielzahl von Quellen stammen: Unternehmensmeldungen, Wirtschaftsnachrichten, politische Entwicklungen oder sogar Naturkatastrophen. Als Day-Trader müssen Sie stets auf dem Laufenden sein und in Echtzeit auf Marktnachrichten reagieren können. Daher ist der

Zugriff auf zuverlässige, schnelle und umfassende Nachrichten-Feeds von entscheidender Bedeutung.

Zu den wichtigsten Merkmalen, die ein Nachrichten-Feed für Day-Trader haben sollte, gehören Echtzeit-Updates, globale Abdeckung und Spezialisierung auf Finanznachrichten. Es gibt eine Vielzahl von Nachrichtendiensten, die speziell auf Trader ausgerichtet sind, einschließlich solcher, die Alerts zu speziellen Ereignissen wie Earnings Releases, Dividendenankündigungen und wichtigen Wirtschaftsdaten bieten.

Marktdaten:

Neben den Nachrichten-Feeds sind Marktdaten eine unverzichtbare Ressource für Day-Trader. Sie liefern eine Fülle von Informationen, die über das hinausgehen, was in einem typischen Kurschart angezeigt wird. Einige der wichtigsten Marktdaten sind:

Handelsvolumen: Das Volumen zeigt die Anzahl der gehandelten Aktien oder Kontrakte in einem bestimmten Zeitraum. Es kann ein nützlicher Indikator für die Stärke eines Trends oder einer Bewegung sein.

Orderbuch: Ein Orderbuch zeigt alle aktiven Kauf- und Verkaufsorders für ein bestimmtes Wertpapier. Es kann Ihnen helfen, das Verhältnis von Angebot und Nachfrage zu verstehen und mögliche Unterstützungs- und Widerstandsstufen zu identifizieren.

Bid-Ask-Spread: Der Bid-Ask-Spread ist der Unterschied zwischen dem höchsten Preis, den ein Käufer zu zahlen bereit ist (Bid), und dem niedrigsten Preis, den ein Verkäufer zu akzeptieren bereit ist (Ask). Ein enger Spread ist oft ein Zeichen für gute Liquidität.

Tick-Daten: Tick-Daten sind die detailliertesten Marktdaten und zeigen jede einzelne Handelstransaktion (Tick) an. Sie werden oft für hochfrequentes Trading und genaue Backtesting-Zwecke verwendet.

Integration von Nachrichten-Feeds und Marktdaten in Ihre Handelsstrategie

Die effektive Nutzung von Nachrichten-Feeds und Marktdaten

erfordert eine sorgfältige Integration in Ihre Handelsstrategie. Es ist nicht ausreichend, einfach nur Zugang zu diesen Informationen zu haben; Sie müssen auch in der Lage sein, sie schnell zu interpretieren und auf sie zu reagieren.

12.3 Nutzen Von Handelsjournalen Und Performance-Trackern

Handelsjournale dienen als strukturierte Aufzeichnungssysteme, die dazu beitragen, Handelsaktivitäten, Performance-Metriken und persönliche Reflexionen zu dokumentieren. Sie fördern die Selbsteinschätzung, ermöglichen eine kritische Analyse der Handelsperformance und unterstützen die fortlaufende Verbesserung von Handelsstrategien.

Ein Handelsjournal ist im Grunde genommen ein persönlicher Einblick in Ihr Trading-Geschäft. Es erfasst nicht nur Ihre Trades, sondern auch Ihre Gedanken und Emotionen zu den jeweiligen Zeitpunkten. Durch die Aufzeichnung der Einzelheiten eines jeden Trades - von der verwendeten Strategie über die Marktbedingungen bis hin zu den eigenen Gefühlen - können Sie Muster erkennen und Ihre Entscheidungsfindung im Laufe der Zeit verbessern. Es ist auch eine gute Praxis, die Rationale für jeden Trade festzuhalten, um zukünftige Überprüfungen und Lernmöglichkeiten zu erleichtern.

Performance-Tracker hingegen sind mehr auf quantitative Daten ausgerichtet. Sie bieten eine aggregierte Ansicht Ihrer Handelsleistung, die es ermöglicht, den Erfolg verschiedener Strategien zu messen, die Rentabilität über verschiedene Zeiträume zu bewerten und Ihr allgemeines Risikoprofil zu verstehen.

Mithilfe von Performance-Trackern können Sie Datenpunkte wie Gewinn- und Verlustrechnung, Durchschnittsgewinn, Durchschnittsverlust, Gewinn-Verlust-Verhältnis, Trefferquote und viele andere wichtige Kennzahlen verfolgen. Solche Metriken liefern wertvolle Einblicke, die Sie dazu nutzen können, Ihre Strategie zu verfeinern und Ihre Handelsleistung zu steigern.

Die Kombination beider Werkzeuge - Handelsjournal und Performance-Tracker - bietet ein umfassendes Bild Ihrer Trading-Aktivitäten und ermöglicht eine tiefe Reflexion und Analyse. Es ist wichtig, die Nutzung dieser Werkzeuge als integralen Bestandteil Ihrer täglichen Routine zu betrachten und sie systematisch zu aktualisieren und zu konsultieren.

Verschiedene Softwarelösungen und Plattformen bieten integrierte Journale und Tracker an. Es ist auch möglich, eigene Systeme mithilfe von Tabellenkalkulationen oder spezialisierten Journaling-Apps zu erstellen. Wichtig ist, dass die ausgewählten Werkzeuge Ihren individuellen Bedürfnissen und Vorlieben entsprechen und dass sie regelmäßig und konsequent genutzt werden.

Handelsjournale und Performance-Tracker sind wie sie sehen unverzichtbare Instrumente, die helfen, die eigene Leistung zu bewerten, Fehler zu erkennen und kontinuierlich zu lernen und sich zu verbessern. Sie ermöglichen es Day-Tradern, ihre Strategien zu verfeinern, ihre Fähigkeiten zu verbessern und ihren Handelserfolg zu steigern.

ANFÄNGERFEHLER UND WIE MAN SIE VERMEIDET

13.1 Gemeinsame Fallstricke Für Neue Trader

Während das Day Trading aufgrund seiner unmittelbaren Natur und der Möglichkeit, schnelle Gewinne zu erzielen, für viele Menschen attraktiv ist, ist es auch ein Bereich, der mit zahlreichen Fallstricken für neue Trader behaftet ist. Es ist unerlässlich, diese Hindernisse zu verstehen und Strategien zu entwickeln, um sie zu überwinden, um eine erfolgreiche Trading-Karriere zu etablieren.

Einer der häufigsten Fehler neuer Trader ist die mangelnde Vorbereitung. Day Trading ist nicht einfach eine Frage des Kaufens und Verkaufens von Aktien auf Basis von Intuition oder einfachen Vermutungen. Es erfordert umfangreiches Wissen über Finanzmärkte, technische Analyse, Marktindikatoren und Risikomanagement. Ein Mangel an fundierter Ausbildung und Kenntnissen kann dazu führen, dass neue Trader wichtige Marktinformationen übersehen, die zu suboptimalen oder sogar katastrophalen Handelsentscheidungen führen können.

Ein weiterer häufiger Fehler ist die Missachtung des Risikomanagements. Viele neue Trader lassen sich von der Aussicht auf hohe Gewinne mitreißen und vergessen dabei die Bedeutung von Risikomanagementstrategien. Ohne einen klar definierten Stop-Loss- oder Take-Profit-Punkt kann ein einzelner schlechter Trade erhebliche Verluste verursachen. Die Risikomanagementprinzipien, die wir in Kapitel 6 diskutiert haben, sollten daher stets einen zentralen Bestandteil jeder Handelsstrategie bilden.

Ein Mangel an emotionaler Kontrolle ist ein weiterer wichtiger Stolperstein für neue Trader. Der Druck und die Spannung, die mit dem Day Trading verbunden sind, können zu emotional getriebenen Entscheidungen führen, die oftmals nicht im besten Interesse des Traders sind. Wie ich schon in Kapitel 7 erklärt habe, ist es von entscheidender Bedeutung, eine disziplinierte Trading-Mentalität zu entwickeln und emotionale Reaktionen auf Marktbewegungen zu minimieren.

Schließlich ist der Mangel an einem gut definierten Trading-Plan ein weiterer häufiger Fehler neuer Trader.

All diese Fallstricke können die Erfolgschancen neuer Trader erheblich mindern. Im nächsten Abschnitt werde ich Strategien vorstellen, wie diese Fehler vermieden werden können, um den Weg zu einer erfolgreichen Trading-Karriere zu ebnen.

13.2 Strategien Zur Vermeidung Dieser Fehler

Fehler sind unvermeidlich auf dem Weg zu einem erfolgreichen Day Trader. Einige Fehler können jedoch vermieden werden, indem man sich vorbereitet und die richtigen Strategien implementiert. Hier sind einige der wichtigsten Strategien, die Ihnen dabei helfen können, die im Vorherigen Abschnitt beschriebenen Anfängerfehler zu vermeiden.

Einhaltung von Handelsregeln: Eine der wirksamsten Strategien zur Vermeidung von Fehlern im Day Trading ist die Einhaltung Ihrer Handelsregeln. Trading-Regeln definieren, wann und wie Sie in den Markt eintreten und diesen verlassen. Sie legen auch fest, wie Sie mit Verlusten umgehen und wie Sie Ihre Gewinne maximieren. Durch die strikte Einhaltung Ihrer Handelsregeln können Sie emotionale Entscheidungen minimieren, die häufig zu Fehlern führen.

Ausreichende Vorbereitung: Ein weiterer wichtiger Aspekt ist die ausreichende Vorbereitung vor dem Handelsbeginn. Das bedeutet, dass Sie die Märkte sorgfältig analysieren und einen soliden Handelsplan erstellen sollten, bevor Sie eine Position eröffnen. Eine gründliche Vorbereitung kann Ihnen dabei helfen, impulsives Handeln zu vermeiden und stattdessen fundierte Handelsentscheidungen zu treffen.

Ständige Weiterbildung: Day Trading ist ein ständiger

Lernprozess. Selbst erfahrene Händler müssen stets auf dem Laufenden bleiben, um Veränderungen in den Marktbedingungen, neuen Technologien oder Vorschriften gerecht zu werden. Ein kontinuierliches Lernen und Verbessern Ihrer Trading-Fähigkeiten kann Ihnen dabei helfen, Fehler zu vermeiden und Ihre Trading-Leistung zu verbessern.

Schließlich sollten Sie regelmäßig Ihre Handelsperformance auswerten und Ihre Strategien entsprechend anpassen. Wenn Sie feststellen, dass Sie immer wieder die gleichen Fehler machen, sollten Sie herausfinden, warum dies geschieht und was Sie tun können, um dies zu ändern. Die ständige Überprüfung und Anpassung Ihrer Handelsstrategien kann Ihnen dabei helfen, Fehler zu erkennen und zu korrigieren, bevor sie zu großen Verlusten führen.

Es ist wichtig, dass es keine Garantie dafür gibt, dass Sie alle Fehler im Day Trading vermeiden können. Es ist jedoch möglich, die Wahrscheinlichkeit von Fehlern zu reduzieren und die Auswirkungen zu minimieren, wenn sie auftreten. Indem Sie diese Strategien anwenden, können Sie Ihre Handelsfähigkeiten verbessern und auf Ihrem Weg zum erfolgreichen Day Trading vorankommen.

13.3 Lernen Aus Den Fehlern Anderer

Im Day-Trading können Sie mit Sicherheit zwei Dinge erwarten: Gewinne und Verluste. Jeder erfolgreiche Trader hat eine Geschichte von Misserfolgen zu erzählen, die er durchgemacht hat, bevor er seine Strategien und Techniken verfeinert hat. Die Fähigkeit, aus Fehlern zu lernen, ist entscheidend, u erfolgreich zu sein. Noch besser ist es jedoch, aus den Fehlern anderer zu lernen.

Wir leben in einer Ära, in der Informationen frei verfügbar sind, und es gibt zahlreiche Ressourcen, von denen wir Day-

Trader lernen können. Interviews, Artikel, Bücher, Foren und Webinare können als Informationsquellen genutzt werden, um die Fehltritte anderer zu erkennen und zu vermeiden. Aber wie genau nutzt man diese Informationsquellen effektiv?

Zunächst sollten Sie den Narrativen von erfolgreichen Day-Tradern folgen, die offen über ihre Misserfolge sprechen. Diese Trader teilen oft detailliert die Fehler, die sie gemacht haben, und geben Einblicke, wie sie diese Fehler korrigiert und ihre Strategien verbessert haben. Es ist wichtig, diese Lektionen ernst zu nehmen und sie in Ihre eigenen Trading-Praktiken zu integrieren.

Darüber hinaus können Sie Foren und Diskussionsgruppen nutzen, um Ihre Handelsideen und Strategien zur Diskussion zu stellen. Oftmals können andere Trader Ihnen dabei helfen, Fehler zu erkennen, die Sie vielleicht übersehen haben, und Ihnen wertvolle Ratschläge geben, wie Sie Ihre Strategien verbessern können.

Aus den Fehlern anderer zu lernen ist jedoch nicht nur auf die technischen Aspekte des Day-Trading beschränkt. Sie können auch wertvolle Lektionen darüber lernen, wie Sie Ihre mentalen und emotionalen Reaktionen auf den Stress und die Ungewissheit des Day-Trading steuern können. Trader, die ihren emotionalen Zustand erfolgreich kontrolliert haben, können Ihnen wertvolle Einblicke geben, wie Sie FOMO (Fear Of Missing Out), Panik und andere negative emotionale Reaktionen vermeiden können.

Im Gegensatz zu vielen anderen Berufen bietet das Day-Trading die einzigartige Möglichkeit, von den Fehlern und Erfahrungen einer breiten und vielfältigen Gemeinschaft zu lernen. Die effektive Nutzung dieser Ressource kann Ihnen helfen, Ihre Lernkurve zu beschleunigen und schneller zu einer erfolgreichen Trading-Karriere zu gelangen. Daher ist es wichtig, aus den Fehlern anderer zu lernen und ihre Erfahrungen als Orientierungshilfe auf Ihrem eigenen Weg zu nutzen.

FINANZBILDUNG UND
FORTLAUFENDES LERNEN

14.1 Bedeutung Der Fortlaufenden Finanzbildung

In der Welt des Day Tradings gibt es einen kontinuierlichen Bedarf an Bildung und Lernen. Anders als in traditionellen akademischen Disziplinen, in denen das einmal erworbene Wissen oft ein Leben lang Bestand hat, ist die Finanzwelt dynamisch und ständig im Wandel. Neue Finanzinstrumente werden entwickelt, regulatorische Landschaften ändern sich und Märkte passen sich aufgrund verschiedener makroökonomischer Faktoren ständig an. All dies bedeutet, dass das, was gestern funktionierte, heute möglicherweise nicht mehr funktioniert und was heute relevant ist, morgen möglicherweise obsolet sein könnte.

Die kontinuierliche Finanzbildung ist daher unerlässlich, um auf dem neuesten Stand der Branche zu bleiben, fundierte Entscheidungen zu treffen und die Risiken, die mit dem Handel verbunden sind, zu minimieren. Diese fortlaufende Bildung beinhaltet das Erlernen neuer Strategien und Techniken, das Verständnis der neuesten regulatorischen Änderungen, das Erlernen der Verwendung neuer Tools und Plattformen und das Befassen mit aktuellen Markttrends und -entwicklungen.

Day Trader, die sich dem kontinuierlichen Lernen verschrieben haben, sind oft besser gerüstet, um sich an verändernde Marktbedingungen anzupassen und ihre Handelsstrategien entsprechend anzupassen. Darüber hinaus hilft das fortlaufende Lernen, die Kompetenz und das Vertrauen eines Traders zu stärken, was wiederum zu besseren Handelsentscheidungen führen kann.

Die fortlaufende Finanzbildung ist für Day Trader von zentraler Bedeutung . Sie ermöglicht es ihnen, relevant zu bleiben, sich an neue Marktbedingungen anzupassen und fundierte, gut informierte Handelsentscheidungen zu treffen. Es ist daher empfehlenswert, dass jeder, der das Day Trading ernsthaft betreibt oder in Betracht zieht, sich dem Konzept des lebenslangen Lernens verschreibt und einen proaktiven Ansatz zur fortlaufenden Finanzbildung verfolgt.

14.2 Ressourcen Für Fortlaufendes Lernen (Bücher, Kurse, Webinare Etc.)

Es gibt viele Ressourcen, die Day Tradern dabei helfen können, ihr Wissen und ihre Fähigkeiten zu vertiefen. Eine davon sind Fachbücher. Einige renommierte Autoren auf diesem Gebiet sind Alexander Elder mit seinem Buch "Trading for a Living", und Michael Lewis mit "Flash Boys". Diese Bücher bieten tiefe Einblicke in die Welt des Handels und liefern wertvolle Strategien und Konzepte, die im Trading angewendet werden können. Es ist jedoch wichtig, sich daran zu erinnern, dass das Lesen von Büchern allein nicht ausreicht. Die in diesen Büchern präsentierten Konzepte müssen durch praktische Anwendung und Erfahrung vertieft werden.

Online-Kurse sind eine weitere hervorragende Ressource für fortlaufende Bildung im Bereich des Day Tradings. Viele renommierte Institutionen und Online-Plattformen bieten Kurse zum Thema Finanzmärkte und Handel an. Diese Kurse decken ein breites Spektrum von Themen ab, von den Grundlagen der technischen und fundamentalen Analyse bis hin zu spezifischen Handelsstrategien und Risikomanagementtechniken.

Webinare sind eine weitere nützliche Ressource für fortlaufendes Lernen. Sie ermöglichen es den Teilnehmern, in Echtzeit von Experten zu lernen und ihre Fragen direkt zu stellen. Darüber hinaus bieten viele Webinare die Möglichkeit, Live-Handelssitzungen zu beobachten, was eine unschätzbare Erfahrung für das Verständnis der Dynamik des Marktes und der Anwendung von Handelsstrategien in der Praxis bietet.

Podcasts und Blogs sind zusätzliche Ressourcen, die hilfreich sein können. Sie bieten die Möglichkeit, die Gedanken und Erfahrungen erfolgreicher Trader und Branchenexperten zu hören und zu lesen. Viele dieser Informationsquellen behandeln aktuelle Themen und Trends im Day Trading und bieten hilfreiche Tipps und Ratschläge.

14.3 Bedeutung Von Networking Und Community Im Daytrading

Networking ist nicht nur im traditionellen Geschäftsumfeld wichtig, sondern auch im Day Trading. Die Interaktion und Verbindung mit anderen Tradern ermöglicht einen Austausch von Ideen, Methoden und Strategien. Zudem kann durch die Diskussion und Analyse aktueller Marktgeschehnisse ein tieferes Verständnis der Finanzmärkte erreicht werden. Networking kann über soziale Medien, Foren, Webinare, Seminare und Networking-Events erfolgen. Aber es ist wichtig, eine gewisse Skepsis zu bewahren und nicht blindlings Ratschlägen zu folgen, sondern diese stets kritisch zu hinterfragen.

Die Trading-Community spielt ebenfalls eine wichtige Rolle. Sie bietet eine Plattform für den Austausch von Wissen, Erfahrungen und Unterstützung. Innerhalb der Community können sowohl Anfänger als auch erfahrene Trader gleichermaßen profitieren. Anfänger können von den Erfahrungen und Kenntnissen der erfahreneren Trader lernen, während erfahrene Trader durch das Teilen ihres Wissens und ihrer Erfahrungen ihre eigenen Strategien und Ansätze reflektieren und verfeinern können.

Es ist wichtig, dass die Kommunikation innerhalb der Community respektvoll und konstruktiv sein sollte. Der Wert einer Community liegt in ihrer Vielfalt an Meinungen und Perspektiven. Daher sollte jede Meinung mit Respekt behandelt werden, selbst wenn sie nicht der eigenen entspricht.

Aber Networking und die Teilnahme an einer Community sollten nicht dazu führen, dass man die eigene unabhängige Entscheidungsfindung vernachlässigt. Im Day Trading ist es wichtig, seine eigenen Analysen durchzuführen und nicht allein auf die Meinungen anderer zu vertrauen.

GRUNDLAGEN DES STEUERMANAGEMENTS

15.1 Steuerliche Berücksichtigungen Für Day Trader

Die steuerlichen Aspekte des Day Tradings sind komplex und variieren je nach Region, den individuellen finanziellen Umständen des Traders und der Art des gehandelten Vermögenswerts. Dieser Abschnitt wird einen grundlegenden Überblick über die steuerlichen Berücksichtigungen geben, die jeder Day Trader kennen sollte.

Zunächst ist es wichtig zu verstehen, dass Day Trading, sofern es nicht als reines Hobby betrieben wird, in den meisten Ländern als Geschäftstätigkeit betrachtet wird und daher steuerpflichtig ist. Day Trader sind in der Regel selbständige Unternehmer und müssen daher ihre Einnahmen und Ausgaben eigenständig verwalten und berichten. Hierzu zählen unter anderem die erzielten Trading-Gewinne und -Verluste, aber auch Kosten für Software, Hardware, Schulungsmaßnahmen und andere relevante Ausgaben, die im Zuge der Trading-Tätigkeit entstehen.

In den meisten Rechtsordnungen wird zwischen kurzfristigen und langfristigen Kapitalgewinnen unterschieden. Da Day Trader in der Regel innerhalb eines Handelstages kaufen und verkaufen, fallen ihre Gewinne meist unter die Kategorie der kurzfristigen Kapitalgewinne, die in vielen Ländern zu einem höheren Steuersatz besteuert werden als langfristige Kapitalgewinne. Daher kann der effektive Steuersatz, den ein Day Trader zahlt, erheblich höher sein als der eines herkömmlichen Investors.

Es ist wichtig, dass nicht nur Gewinne, sondern auch Verluste steuerlich relevant sind. In den meisten Steuersystemen können Verluste aus dem Day Trading mit Gewinnen verrechnet werden, um die steuerliche Belastung zu reduzieren. Dieser Prozess wird als Verlustverrechnung bezeichnet und kann helfen, die Gesamtsteuerlast zu mindern. Die Regeln für die Verlustverrechnung sind jedoch komplex und variieren je nach Rechtsordnung.

Neben der direkten Besteuerung der Handelsgewinne sollten Day Trader auch auf indirekte Steuern wie die Transaktionssteuer oder die Mehrwertsteuer achten, die auf bestimmte Dienstleistungen oder Transaktionen erhoben werden können. Auch diese können die Rentabilität des Day Tradings beeinträchtigen und sollten daher in jede Finanzplanung einbezogen werden.

Zu guter Letzt sollten sich Trader über die steuerlichen Meldepflichten im Klaren sein. In den meisten Ländern sind sie verpflichtet, regelmäßig Steuererklärungen abzugeben und detaillierte Aufzeichnungen über ihre Handelstätigkeit zu führen. Versäumnisse in diesem Bereich können zu erheblichen Strafen und Nachforderungen führen.

15.2 Einbindung Eines Steuerberaters In Ihre Strategie

Steuerberater spielen im Day-Trading eine entscheidende Rolle, indem sie dabei helfen, steuerlichen Verpflichtungen zu verstehen und effektiv zu managen. Die Einbeziehung eines qualifizierten Steuerberaters in Ihre Day-Trading-Strategie kann eine Reihe von Vorteilen bieten, wie ich in den folgenden Abschnitten erläutern werde.

Einer der Hauptvorteile der Arbeit mit einem Steuerberater besteht darin, dass sie fundiertes Fachwissen und Verständnis für steuerliche Belange und Gesetze haben. Dies ist besonders wichtig im Day-Trading, da es spezielle Steuervorschriften gibt, die sich auf dem Handel auswirken. Ein qualifizierter Steuerberater kann Sie über die geltenden Gesetze und ihre Auswirkungen auf Ihre spezielle Situation informieren.

Ein weiterer Vorteil der Einbeziehung eines Steuerberaters in Ihre Day-Trading-Strategie besteht darin, dass sie dabei helfen können, steuerliche Risiken zu identifizieren und zu managen. Day Trader sind oft einer Vielzahl von steuerlichen Risiken ausgesetzt, die aus verschiedenen Quellen stammen können, wie z.B. Änderungen in den Steuergesetzen, falscher Berichterstattung oder Nichterfüllung steuerlicher Verpflichtungen. Ein qualifizierter Steuerberater kann dabei helfen, solche Risiken zu identifizieren und geeignete Strategien zur Risikominderung zu entwickeln.

Abschließend ist es wichtig zu beachten, dass die Auswahl des richtigen Steuerberaters eine sorgfältige Überlegung erfordert. Es ist wichtig, einen Steuerberater zu wählen, der Erfahrung im Day Trading hat und die spezifischen steuerlichen Herausforderungen und Anforderungen versteht, die mit dieser Art des Handels verbunden sind. Es kann auch hilfreich sein, Referenzen und Bewertungen zu überprüfen, um die Qualität und Verlässlichkeit des Steuerberaters zu beurteilen.

KAPITALMANAGEMENT

16.1 Wann Und Wie Gewinne Neu Investieren

Die Reinvestition von Gewinnen ist ein kritischer Bestandteil des Kapitalmanagements im Day Trading. Im Wesentlichen stellt sie sicher, dass der generierte Gewinn effizient genutzt wird, um das Potenzial für zukünftige Erträge zu maximieren.

Bevor Sie jedoch entscheiden, wann und wie Sie Gewinne reinvestieren, müssen Sie zunächst Ihre finanziellen Ziele und Ihren persönlichen Risikotoleranzgrad berücksichtigen. Diese beiden Aspekte werden weitgehend bestimmen, wie viel von Ihren Gewinnen Sie erneut investieren möchten und welche Anlageformen Sie bevorzugen.

Im Day Trading besteht ein effektiver Ansatz zur Reinvestition von Gewinnen darin, einen bestimmten Prozentsatz Ihres Gewinns zu reinvestieren, anstatt den gesamten Betrag. Dieser Ansatz ermöglicht es Ihnen, Ihren Gewinn zu nutzen, um Ihre potenziellen zukünftigen Erträge zu steigern, während Sie gleichzeitig einen Teil Ihres Gewinns zur Deckung von Ausgaben oder zur Aufbewahrung für Notfälle beiseite legen.

Der genaue Prozentsatz, den Sie reinvestieren möchten, hängt von mehreren Faktoren ab, darunter Ihr Risikotoleranzniveau, Ihre finanziellen Ziele und Ihre aktuelle finanzielle Situation. Als allgemeine Richtlinie könnten Sie erwägen, etwa 50% Ihrer Trading-Gewinne zu reinvestieren, obwohl dieser Prozentsatz je nach Ihren individuellen Umständen höher oder niedriger sein kann.

Wenn es darum geht, wie Sie Ihre Gewinne reinvestieren, sollten Sie daran denken, Ihre Anlagen zu diversifizieren. Dies bedeutet, dass Sie Ihre Gewinne auf verschiedene Anlageformen verteilen, um das Risiko zu reduzieren. Eine effektive Diversifizierungsstrategie könnte beinhalten, Ihre Gewinne in verschiedene Finanzinstrumente zu investieren, wie z.B. Aktien, Anleihen und Optionen, sowie in verschiedene Sektoren oder geographische Gebiete.

Darüber hinaus könnten Sie auch darüber nachdenken, einen Teil Ihrer Gewinne in die Weiterbildung und die Beschaffung besserer Handelsinstrumente und -ressourcen zu reinvestieren. Dies könnte beinhalten, in fortgeschrittene Handelssoftware zu investieren, zusätzliche Marktstudien durchzuführen oder sich in spezialisierten Handelskursen weiterzubilden. Durch die Investition in Ihre Fähigkeiten und Werkzeuge als Trader können Sie Ihre Effizienz und Rentabilität im Laufe der Zeit verbessern.

Abschließend lässt sich sagen, dass die Wiederanlage von Gewinnen im Day Trading sowohl Kunst als auch Wissenschaft ist. Es erfordert eine sorgfältige Planung und eine ausgewogene Betrachtung von Risiko und Ertrag. Mit Geduld, Disziplin und einer gut durchdachten Strategie können Sie jedoch Ihre Gewinne effektiv reinvestieren, um Ihre langfristigen Trading-Ziele zu erreichen.

16.3 Verwaltung Von Verlusten Und Deren Auswirkungen Auf Ihr Kapital

Verluste sind unvermeidlich beim Day Trading. Selbst die erfolgreichsten Händler machen nicht bei jedem Trade Gewinne. Eine effektive Verwaltung von Verlusten hilft, die Auswirkungen auf Ihr Handelskapital zu minimieren und Ihre Rentabilität auf lange Sicht zu verbessern. Die Verlustverwaltung beinhaltet die Anpassung Ihrer Handelsgröße. Wenn Sie Verluste erleiden, sollten Sie Ihre Handelsgröße entsprechend reduzieren, um Ihr Kapital zu schützen. Wenn Ihre Trades profitabel sind, können Sie Ihre Handelsgröße erhöhen, aber immer im Verhältnis zu Ihrem Kapital.

Das Handelsjournal ist ein weiteres wichtiges Werkzeug für die Verlustverwaltung. Indem Sie Ihre Trades und deren Ergebnisse aufzeichnen, können Sie Muster erkennen und Bereiche identifizieren, in denen Verbesserungen erforderlich sind. Ein Handelsjournal hilft Ihnen, diszipliniert und verantwortungsbewusst zu handeln und emotionale Entscheidungen zu vermeiden.

Die Fähigkeit, Verluste zu akzeptieren und weiterzumachen, ist eine entscheidende Eigenschaft erfolgreicher Day Trader. Es ist wichtig zu verstehen, dass Verluste Teil des Handels sind und dass Sie, auch wenn Sie eine Serie von Verlusten haben, immer noch eine erfolgreiche Handelsstrategie haben können. Lassen Sie sich nicht von Verlusten entmutigen und betrachten Sie sie als Gelegenheit, zu lernen und sich zu verbessern.

Die effektive Verwaltung von Verlusten wird Ihnen helfen, Ihr Kapital zu erhalten und Ihr Risiko zu kontrollieren. Denken Sie immer daran, dass Kapitalerhaltung oberste Priorität hat im Day Trading. Nur mit ausreichendem Kapital können Sie weiter handeln und profitieren.

LEBEN ALS DAY TRADER

17.1 Auswirkungen Des Day Tradings Auf Den Lebensstil

Im Zeitalter digitaler Technologie und globaler Finanzmärkte hat das Day Trading einen besonderen Stellenwert eingenommen. Es hat das Potenzial, eine tiefgreifende Auswirkung auf den Lebensstil derjenigen zu haben, die es als Beruf oder intensives Hobby wählen. Die folgenden Aspekte beleuchten die prägnanten Veränderungen, die das Day Trading auf den Lebensstil eines Individuums ausüben kann.

Erstens, die Flexibilität: Day Trading kann von jedem Ort aus betrieben werden, sofern eine zuverlässige Internetverbindung besteht. Das bedeutet, dass Trader ihr Büro überall aufbauen können - ob zu Hause, in einem Café, oder sogar während sie reisen. Die Unabhängigkeit von einem traditionellen Arbeitsplatz und festen Arbeitszeiten ermöglicht es den Tradern, ihre Arbeit und Freizeit nach eigenem Ermessen zu gestalten. Aber diese Freiheit kommt mit der Notwendigkeit, diszipliniert zu sein und eine Struktur in den Handelsalltag zu bringen, um die Produktivität zu maximieren.

Zweitens, das Einkommenspotenzial: Day Trading bietet eine unbegrenzte Gewinnmöglichkeit, die nur von den Fähigkeiten, dem Wissen und der Effektivität des Traders abhängt. Dies kann zu einem Lebensstil führen, der weit über das hinausgeht, was ein durchschnittlicher Job bieten könnte. Es ist jedoch wichtig zu betonen, dass hohe Gewinne auch mit hohen Risiken einhergehen. Day Trader sollten daher nicht nur über die technischen Aspekte des Tradings, sondern auch über solide Finanz- und Risikomanagement-Strategien, die wir vorhin schon besprochen haben informiert sein.

Drittens, die emotionale Belastung: Die Volatilität der Finanzmärkte kann zu intensiven Emotionen wie Gier,

Angst oder Frustration führen. Der ständige Druck, schnelle Entscheidungen zu treffen und gleichzeitig finanzielle Verluste zu riskieren, kann einen erheblichen emotionalen Stress verursachen. Daher erfordert ein erfolgreicher Day Trading Lebensstil eine robuste psychische Gesundheit und ein effektives Stressmanagement.

Schließlich sind Day Trader von der ständigen Weiterbildung und Marktanalyse geprägt. Dies erfordert eine imense Disziplin und ein starkes Engagement, die einen erheblichen Einfluss auf den persönlichen und sozialen Lebensstil haben können.

Alles in allem lässt sich sagen, dass Day Trading weit mehr als nur eine Beschäftigung ist - es ist ein Lebensstil, der eine tiefe Leidenschaft für die Finanzmärkte, eine starke Disziplin und die Bereitschaft erfordert, ständig zu lernen und sich anzupassen. Das Verständnis dieser Auswirkungen ist entscheidend für alle, die den Sprung ins Day Trading wagen und einen solchen Lebensstil erfolgreich führen wollen.

17.2 Bewältigung Von Stress Und Burnout

Der Day-Trading-Markt ist schnelllebig, voller Unwägbarkeiten und kann sehr fordernd sein. Dies kann bei vielen Tradern hohe Stressniveaus hervorrufen, die, wenn sie nicht richtig gehandhabt werden, zu Burnout führen können.

Der erste Schritt zur Bewältigung von Stress im Day Trading besteht darin, seine Existenz anzuerkennen. Stress ist ein natürlicher Bestandteil des Lebens eines Day Traders und kann sogar eine treibende Kraft sein, die Trader dazu anregt, bessere Strategien zu entwickeln und ihre Performance zu verbessern. Allerdings kann übermäßiger oder anhaltender Stress auch negative Auswirkungen haben, die sowohl die Gesundheit des Traders als auch seine Handelsleistung beeinträchtigen können. Eine der effektivsten Strategien zur Stressbewältigung im Day Trading besteht darin, angemessene Handelspraktiken zu entwickeln und sich daran zu halten. Trader sollten realistische Erwartungen an ihre Handelsziele setzen und sich davor hüten, über ihre finanziellen Mittel hinaus zu handeln.

Trader sollten zudem auf ihren Körper hören und auf Anzeichen von Burnout achten. Dazu gehören unter anderem ständige Müdigkeit, Schlafstörungen, mangelnde Konzentration, Gereiztheit und Frustration. Ein Burnout kann die Fähigkeit eines Traders, kluge Handelsentscheidungen zu treffen, stark beeinträchtigen und sollte daher ernst genommen werden.

Gesunde Lebensgewohnheiten sind auch ein Schlüssel zur Stressbewältigung und Burnout-Prävention im Day Trading. Regelmäßige körperliche Aktivität, eine ausgewogene Ernährung und ausreichend Schlaf können dabei helfen, den Körper und den Geist fit zu halten und Stress besser zu bewältigen. Darüber hinaus kann es hilfreich sein, Entspannungstechniken wie Yoga, Meditation oder tiefe Atemübungen zu erlernen.

Psychologische Unterstützung kann ebenfalls ein wertvolles Instrument zur Stressbewältigung sein. Professionelle Beratung oder Coaching können Tradern helfen, effektivere Bewältigungsstrategien zu entwickeln und die emotionalen Herausforderungen des Day Tradings besser zu verstehen und zu bewältigen.

Letztendlich ist es wichtig, daran zu denken, dass trotz aller Bemühungen, Stress abzubauen, Day Trading immer noch eine herausfordernde Aktivität ist, die Risiken und Ungewissheiten birgt. Daher ist es wichtig, regelmäßige Pausen einzulegen und Zeit für Hobbys und andere Freizeitaktivitäten zu finden, um den Geist zu erfrischen und das Burnout-Risiko zu verringern. Es ist wichtig, sich daran zu erinnern, dass es im Day Trading nicht nur um Gewinne und Verluste geht, sondern auch um das persönliche Wohlbefinden und die Lebensqualität.

17.3 Work-Life-Balance Im Day Trading

Day Trading mag auf den ersten Blick wie eine Aktivität erscheinen, die man bequem von zu Hause aus ausüben kann und die daher eine hohe Flexibilität und Lebensqualität verspricht. Doch trotz dieser Vorzüge bringt das Day Trading einen einzigartigen Satz von Herausforderungen mit sich, die, wenn sie nicht richtig bewältigt werden, die Work-Life-Balance eines Traders erheblich beeinträchtigen können.

Um eine gesunde Work-Life-Balance aufrechtzuerhalten, müssen Day Trader zuerst ein tiefes Verständnis für die Anforderungen und Belastungen entwickeln, die das Day Trading mit sich bringt. Diese können sich erheblich von den Belastungen in herkömmlichen Arbeitsumgebungen unterscheiden. Sie müssen sowohl die Fähigkeit zur schnellen Entscheidungsfindung unter Druck als auch ein hohes Maß an Selbstkontrolle und Disziplin erfordern.

Die strikte Trennung von Arbeit und Privatleben ist ein erster, entscheidender Schritt, um eine ausgeglichene Work-Life-Balance zu erreichen. Auch wenn man von zu Hause aus handelt, ist es wichtig, einen speziellen Arbeitsbereich zu haben, der frei von Ablenkungen ist. Dieser Raum sollte ausschließlich für das Trading und verwandte Aktivitäten reserviert sein.

Die Festlegung spezifischer Arbeitszeiten ist ein weiterer essenzieller Aspekt. Obwohl die Finanzmärkte fast rund um die Uhr geöffnet sind, bedeutet das nicht, dass Trader ständig aktiv sein müssen. Es ist wichtig, bestimmte Zeiten für das Trading festzulegen und sich strikt daran zu halten, um Erschöpfung zu vermeiden.

Darüber hinaus ist es entscheidend, regelmäßige Pausen einzuplanen, um den Geist zu erfrischen und die Konzentration zu erhöhen. Studien haben gezeigt, dass kurze Pausen dazu beitragen können, die mentale Ausdauer über einen längeren Zeitraum hinweg zu steigern.

Zu guter Letzt sollten Trader einen bewussten und aktiven Ansatz zur Stressbewältigung verfolgen. Dazu gehören Techniken wie Meditation, Yoga oder tiefe Atemübungen. Darüber hinaus kann es hilfreich sein, regelmäßig Zeit mit Familie und Freunden zu verbringen und Hobbys nachzugehen, um ein Gleichgewicht zur intensiven und oft stressigen Arbeit des Day Tradings zu schaffen.

Zusammenfassend ist eine gesunde Work-Life-Balance im Day Trading nicht nur möglich, sondern essentiell ist. Es erfordert Disziplin, Selbstbewusstsein und proaktives Handeln, um sowohl im Trading als auch im persönlichen Leben Erfolg zu haben.

ENTWICKLUNG IHRES EIGENEN TRADING-STILS

18 Erkennen Von Stärken Und Schwächen

Die Entwicklung eines eigenen Trading-Stils ist eine notwendige Progression auf Ihrer Reise als Day Trader. Es beginnt mit einer ehrlichen und gründlichen Selbstbewertung, die das Erkennen Ihrer individuellen Stärken und Schwächen beinhaltet. Ihre Stärken können Ihre Vorteile am Markt sein, während Sie gleichzeitig Strategien entwickeln müssen, um Ihre Schwächen auszugleichen.

Jeder Trader ist einzigartig in seiner Persönlichkeit, seinen Präferenzen, seiner Risikotoleranz und seinem Komfortniveau im Umgang mit Marktunsicherheiten. Diese Faktoren können Ihre Stärken und Schwächen als Trader bestimmen. Stärken könnten zum Beispiel eine hohe Risikotoleranz, eine gute emotionale Kontrolle oder ausgezeichnete Analysefähigkeiten sein. Schwächen hingegen könnten eine geringe Risikotoleranz, emotionale Impulsivität oder Schwierigkeiten bei der Interpretation von Marktinformationen sein.

Es ist wichtig, sich bewusst zu sein, dass diese Stärken und Schwächen nicht in Stein gemeißelt sind. Sie können und sollten im Laufe der Zeit mit Erfahrung, Ausbildung und Praxis verändert werden. Der Schlüssel liegt im kontinuierlichen Lernen und Anpassen. Sie sollten bestrebt sein, Ihre Stärken weiter auszubauen und Ihre Schwächen zu minimieren oder zu eliminieren.

Die Erkenntnis Ihrer Stärken und Schwächen ist jedoch nur der erste Schritt. Sie müssen auch in der Lage sein, diese Selbsterkenntnis effektiv in Ihre Trading-Strategien und -Praktiken zu integrieren.

Wenn Sie zum Beispiele feststellen, dass Sie eine hohe

Risikotoleranz haben, könnte Ihr Trading-Stil eher zu aggressiven Strategien neigen, wie z.B. Scalping oder High-Frequency-Trading. Andererseits, wenn Sie feststellen, dass Sie eher risikoavers sind, könnten Sie eher konservativere Strategien bevorzugen, wie z.b. Swing-Trading oder das Halten von Positionen über längere Zeiträume.

Es ist ebenso wichtig, Ihre Schwächen zu berücksichtigen und Strategien zu entwickeln, diese auszugleichen. Wenn Sie zum Beispiel emotionale Impulsivität bei sich als Schwäche identifizieren, könnten Sie Strategien zur Emotionskontrolle einsetzen, wie z.b. strenge Regeln für das Risikomanagement, das Setzen von Stop-Loss-Orders oder sogar den Einsatz von automatisierten Handelssystemen, die emotionale Entscheidungen eliminieren.

Die Fähigkeit, Ihre Stärken und Schwächen zu erkennen und zu berücksichtigen, ist also von entscheidender Bedeutung bei der Entwicklung Ihres eigenen Trading-Stils. Denken Sie daran, dass Ihr Stil so einzigartig sein sollte wie Sie selbst - er sollte Ihre individuellen Stärken und Präferenzen widerspiegeln und Ihre Schwächen ausgleichen.

SIMULATION UND BACKTESTING VON STRATEGIEN

19.1 Bedeutung Der Simulation Und Des Backtestings

Die Evolution eines Day Traders ist ein stetiger Prozess des Lernens, Anpassens und Verfeinerns von Strategien. Dabei ist ein Schlüsselwerkzeug zur Verbesserung der Trading-Performance die Anwendung von Simulation und Backtesting von Strategien. Im Folgenden werden ich ihnen die Bedeutung dieser Methoden im Day Trading erläutern.

Simulation und Backtesting sind Techniken, die zur Evaluierung und Verfeinerung von Handelsstrategien eingesetzt werden, bevor sie auf realen Märkten angewendet werden. Sie erlauben es dem Trader, eine hypothetische Performance zu erzielen, basierend auf historischen Daten, um so die Wirksamkeit einer Strategie zu bewerten.

Backtesting ist die Anwendung einer Handelsstrategie auf historische Marktdaten, um herauszufinden, wie gut die Strategie in der Vergangenheit performt hätte. Es ist ein essentielles Werkzeug zur Überprüfung und Optimierung Ihrer Strategie. Mit einem Backtest können Sie statistische Analysen durchführen und so das potenzielle Risiko, den möglichen Ertrag und die allgemeine Rentabilität Ihrer Strategie bewerten. Es erlaubt Ihnen, Schwachstellen in Ihrer Strategie zu identifizieren und diese entsprechend anzupassen, bevor Sie echtes Geld riskieren.

Simulation, oft in Form von Papier- oder Demohandel, ermöglicht es den Tradern, ihre Strategien in Echtzeit, jedoch ohne finanzielles Risiko, zu testen. Es dient als sicheres Übungsfeld, auf dem sie ihre Fähigkeiten verbessern, ihre Reaktionen auf verschiedene Marktbedingungen beobachten und lernen können, Disziplin und Konsistenz in ihrer

Handelsausführung zu wahren.

Die Kombination von Simulation und Backtesting bietet eine robuste Plattform für die Entwicklung, Überprüfung und Verfeinerung von Handelsstrategien. Jedoch ist zu beachten, dass, obwohl diese Tools wertvolle Einblicke in die potenzielle Performance einer Strategie bieten, sie keine zukünftigen Ergebnisse garantieren können. Marktdynamiken ändern sich ständig und die Performance in der Vergangenheit ist kein zuverlässiger Indikator für zukünftige Ergebnisse.

Trotz dieser Einschränkung bleiben Simulation und Backtesting unverzichtbare Instrumente für den erfolgreichen Day Trader. Sie ermöglichen eine gründliche Analyse und bieten die Möglichkeit, neue Strategien zu erproben und bestehende Strategien zu optimieren. Darüber hinaus bieten sie wertvolle Erfahrungen und fördern ein tieferes Verständnis für die Märkte und ihre Dynamik, ohne das Kapital zu riskieren. In den folgenden Abschnitten werden wir detaillierter auf die Verwendung von Backtesting-Software und die Interpretation und Anwendung von Backtesting-Ergebnissen eingehen.

19.2 Verwendung Von Backtesting-Software

Die Welt des Day-Tradings hat in den letzten Jahrzehnten eine bemerkenswerte Entwicklung durchlaufen, von der Abhängigkeit von Telefonanrufen und Papiercharts hin zu hoch entwickelten computergestützten Plattformen.

Es gibt zahlreiche Backtesting-Programme auf dem Markt, die in ihrer Komplexität variieren. Einige sind einfache Charting-Tools, die eine Visualisierung von Preisbewegungen und technischen Indikatoren ermöglichen. Andere sind hochentwickelte Plattformen, die algorithmischen Handel und komplexe statistische Analysen ermöglichen.

Bei der Auswahl der richtigen Backtesting-Software sollten Sie folgende Kriterien beachten:

Datenqualität: Die Zuverlässigkeit Ihrer Backtesting-Ergebnisse hängt stark von der Qualität der verwendeten Daten ab. Die

Software sollte Zugang zu hochwertigen, präzisen und aktuellen Daten haben.

Flexibilität: Die Plattform sollte in der Lage sein, eine Vielzahl von Strategien zu testen, von einfachen bis zu komplexen. Sie sollte auch mehrere Arten von Finanzinstrumenten unterstützen, wie Aktien, Futures, Forex und Optionen.

Benutzerfreundlichkeit: Das Tool sollte benutzerfreundlich und leicht zu navigieren sein. Sie sollten in der Lage sein, Ihre Strategien problemlos zu implementieren und die Ergebnisse einfach zu interpretieren.

Preis-Leistungs-Verhältnis: Die Kosten der Software sollten in einem angemessenen Verhältnis zu den angebotenen Funktionen stehen.

Insgesamt ist Backtesting ein unverzichtbares Werkzeug für jeden ernsthaften Day-Trader. Es bietet eine Möglichkeit, Ihre Strategien zu verfeinern und zu validieren, bevor Sie sie auf dem Live-Markt anwenden.Jedoch ist keine Strategie unfehlbar und Vergangenheitsleistung ist nicht immer ein Indikator für zukünftige Ergebnisse. Daher sollte Backtesting immer als Teil einer umfassenderen Risikomanagementstrategie betrachtet werden.

19.3 Interpretation Und Anwendung Von Backtesting-Ergebnissen

Die Fähigkeit, Backtesting-Ergebnisse richtig zu interpretieren und anzuwenden, ist ein wichtiger Aspekt beim Design und der Implementierung von Handelsstrategien. In diesem Teil des Kapitels werden wir uns genauer mit der Bedeutung von Backtesting-Ergebnissen befassen und wie wir diese Ergebnisse zur Verbesserung unserer Day-Trading-Strategien verwenden können.

Um die Ergebnisse eines Backtests zu interpretieren, sollten wir uns auf einige wichtige Metriken konzentrieren. Die Gewinnrate, auch als Trefferquote bezeichnet, ist eine solche Metrik. Sie gibt den Prozentsatz der gewinnenden Trades im Verhältnis zur Gesamtzahl der Trades an. Eine hohe Gewinnrate allein ist jedoch kein Garant für eine erfolgreiche Strategie. Wir müssen auch die Größe der Gewinne im Verhältnis zu den Verlusten betrachten, die als Gewinn-Verlust-Verhältnis bezeichnet wird. Eine Strategie mit einer niedrigeren Gewinnrate kann immer noch profitabel sein, wenn das Gewinn-Verlust-Verhältnis hoch ist.

Ein weiterer wichtiger Indikator ist der maximale Drawdown, der den größten prozentualen Rückgang im Kontowert zwischen zwei Höchstständen misst. Ein geringerer Drawdown ist in der Regel wünschenswert, da er darauf hinweist, dass das Risiko gut kontrolliert wird. Gleichzeitig sollten wir uns den durchschnittlichen Gewinn pro Trade und den durchschnittlichen Verlust pro Trade ansehen, um ein vollständiges Bild der Performance unserer Strategie zu erhalten.

Die Anwendung der Backtesting-Ergebnisse umfasst die Verfeinerung und Anpassung der Strategie auf Basis dieser Metriken. Zum Beispiel, wenn die Backtesting-Ergebnisse zeigen, dass die Strategie einen hohen Drawdown hat, könnte dies darauf hindeuten, dass das Risikomanagement verbessert werden muss. Wenn der durchschnittliche Gewinn pro Trade niedrig ist, könnten wir in Betracht ziehen, die Positionen länger zu halten oder die Größe der Positionen zu erhöhen.

SCHRITT INS ECHTGELD-TRADING

20.1 Übergang Von Einem Demokonto Zu Einem Live-Konto

Der nächste große Schritt auf Ihrem Weg zum professionellen Day Trader ist der Übergang von einem Demokonto zu einem Live-Konto, der mit eigenen Herausforderungen und Nuancen verbunden ist. Im Laufe der vorhergehenden Kapitel haben wir den Nutzen von Demokonten ausführlich betont. Sie ermöglichen den Anlegern, ihre Strategien zu testen, die Funktionalität der Plattformen kennenzulernen und sich mit den Besonderheiten des Day Tradings vertraut zu machen, ohne dabei reales Geld zu riskieren.

Der Schritt vom simulierten Handel auf einem Demokonto zum Handel mit echtem Geld auf einem Live-Konto ist jedoch eine völlig andere Erfahrung. Die finanziellen Auswirkungen Ihrer Entscheidungen sind nun real und unmittelbar, und es ist wichtig, dass Sie darauf vorbereitet sind, den erhöhten emotionalen Druck, der damit einhergeht, effektiv zu bewältigen.

Es ist entscheidend, dass Sie vor dem Übergang zu einem Live-Konto sicherstellen, dass Ihre Strategien in der Demoumgebung konsistent erfolgreich waren. Überprüfen Sie die Effektivität Ihrer Strategien sorgfältig, bevor Sie sie auf einem Live-Konto anwenden. Dies sollte durch gründliches Backtesting und die Überprüfung Ihrer Handelsaufzeichnungen geschehen, um sicherzustellen, dass Ihre Strategien in verschiedenen Marktszenarien Bestand haben.

Ihre Risikomanagement-Techniken sollten ebenfalls fest verankert und erprobt sein, bevor Sie mit echtem Geld handeln. Sie sollten genau wissen, wie viel von Ihrem Kapital Sie für jeden einzelnen Trade riskieren werden und wann Sie Gewinne mitnehmen oder Verluste begrenzen müssen. Es ist zusätzlich von grosser Bedeutung, dass Sie ein tieferes Verständnis der Gebührenstrukturen haben, da diese direkt Ihre Gewinne beeinflussen können.

Ebenso ist es wichtig, dass Sie emotional auf den Live-Handel vorbereitet sind. Während Verluste auf einem Demokonto enttäuschend sein können, sind die emotionalen Auswirkungen von echten finanziellen Verlusten auf einem Live-Konto weitaus stärker. Es ist wichtig, dass Sie den emotionalen Druck erkennen und bewältigen können, der mit dem Echtgeld-Trading verbunden ist.

Zum Abschluss sei gesagt, dass der Übergang von einem Demokonto zu einem Live-Konto einen wichtigen Meilenstein in Ihrer Trading-Karriere darstellt. Die in diesem Kapitel hervorgehobenen Punkte sollten Ihnen dabei helfen, diesen Übergang nahtlos und erfolgreich zu meistern.

20.2 Verwaltung Ihrer Erwartungen Und Ziele Beim Echtgeld-Trading

Der Übergang vom Demokonto zum Echtgeld-Trading ist ein bedeutsamer Moment in der Karriere eines jeden Day Traders. Mit dem Wechsel zu einem Live-Konto werden die Resultate Ihrer Handelsentscheidungen zu einer realen finanziellen Auswirkung - sowohl positiv als auch negativ. In diesem Zusammenhang rückt die effektive Verwaltung Ihrer Erwartungen und Ziele in den Mittelpunkt der Überlegungen.

Die Steuerung der Erwartungen ist entscheidend, da überzogene oder unrealistische Erwartungen zu einem unsicheren und übermäßig riskanten Handelsverhalten führen können. Es ist wichtig, mental darauf vorbereitet zu sein und zu verstehen, dass Verluste ein integraler Bestandteil des Prozesses sind. Verluste sollten als Lernchancen angesehen werden, um daraus für zukünftige Trades zu profitieren.

Das Festlegen und Verfolgen von Zielen bietet eine Richtung und einen Rahmen für Ihr Trading. Es ist von grosser Bedeutung, dass diese Ziele realistisch und erreichbar sind. Ein häufiger Fehler, den neue Trader machen, besteht darin, sofort hohe Gewinne zu erwarten. Allerdings kann dieser Druck zu riskantem Verhalten führen, das Ihre Handelskapital erheblich gefährdet. Stattdessen sollten Ihre Ziele auf Ihrer bisherigen Trading-Performance basieren und auf einem soliden Verständnis der Märkte und Ihrer persönlichen Risikotoleranz beruhen.

Die Ziele sollten nicht nur auf finanziellen Gewinnen basieren. Betrachten Sie andere Metriken wie die Gewinnrate, das Risiko-Ertrags-Verhältnis und die Drawdown-Toleranz. Auch qualitative Ziele, wie die Verbesserung Ihrer Handelsdisziplin oder das Lernen aus Fehlern, sind genauso wichtig und können wesentlich zur Verbesserung Ihrer Trading-Fähigkeiten beitragen.

Eine gute Praxis besteht darin, kurz-, mittel- und langfristige Ziele festzulegen. Kurzfristige Ziele könnten wöchentliche oder monatliche Ziele sein, wie das Halten an Ihrer Trading-Strategie oder das Reduzieren der Anzahl impulsiver Trades. Mittelfristige Ziele könnten auf einem Quartal oder einem Jahr basieren und beinhalten möglicherweise spezifische finanzielle Ziele oder das Erlernen neuer Trading-Fähigkeiten. Langfristige Ziele könnten darauf abzielen, bestimmte Leistungsniveaus zu erreichen oder eine bestimmte Anzahl von Jahren mit einer profitablen Performance abzuschließen.

Denken Sie daran, dass es im Day Trading um Ausdauer und ständige Verbesserung geht. Erwarten Sie nicht, dass Sie über Nacht erfolgreich sein werden, und lassen Sie sich nicht von vorübergehenden Rückschlägen entmutigen. Bleiben Sie diszipliniert, halten Sie sich an Ihren Plan und seien Sie bereit, aus Ihren Erfahrungen zu lernen. Mit Geduld und Beständigkeit können Sie Ihre Ziele erreichen und ein erfolgreicher Trader werden.

TEIL II: STRATEGIEN UND TECHNIKEN DES DAY TRADINGS

SCALPING

21.1 Einführung In Die Scalping-Strategie

Scalping, in der Welt des Day-Tradings, bezeichnet eine spezifische Handelsstrategie, die sich durch zahlreiche Trades auszeichnet, die über den Handelstag verteilt sind, mit dem Ziel, kleine Gewinne aus kurzfristigen Preisveränderungen zu erzielen. Ein Scalper, der diese Strategie anwendet, geht eine große Anzahl von Positionen ein und aus, oft innerhalb von Sekunden oder Minuten, um von kleinen Kursbewegungen zu profitieren.

Der Name "Scalping" stammt aus der Praxis, ständig kleine Gewinne "abzuschaben" und sich darauf zu konzentrieren, diese kleinen Gewinne im Laufe der Zeit zu akkumulieren. Jeder einzelne Trade mag einen minimalen Gewinn erzielen, aber die Kombination von hunderten oder sogar tausenden von solchen Trades pro Tag kann sich zu einem beachtlichen Gesamtgewinn summieren.

Scalping erfordert sowohl technische als auch mentale Fähigkeiten. Technisch gesehen erfordert Scalping die Fähigkeit, Markttrends und -muster schnell zu identifizieren und auf diese zu reagieren. Mental erfordert Scalping Ausdauer und Disziplin, da der Scalper ständig auf dem Markt präsent sein und schnell auf Änderungen reagieren muss. Dazu gehört auch die Fähigkeit, Stress und Unsicherheit zu bewältigen, da die Volatilität des Marktes eine konstante Herausforderung darstellt.

Scalping-Strategien sind oft technisch ausgerichtet und

nutzen diverse Handelsinstrumente und Indikatoren, wie z. B. Candlestick-Charts, Bollinger-Bänder, Stochastik, Moving Averages und andere. Die genauen Instrumente und Strategien können wie am Anfang des Buchs schon erwänt nach den individuellen Präferenzen des Traders und den spezifischen Marktbedingungen variieren.

Im Allgemeinen ist das Scalping aufgrund seiner hohen Frequenz und Geschwindigkeit eher für fortgeschrittene Trader geeignet. Es erfordert eine gründliche Kenntnis der Marktmechanismen, eine schnelle Reaktionsfähigkeit und die Fähigkeit, unter Druck schnelle Entscheidungen zu treffen. Nichtsdestotrotz kann Scalping eine effektive Strategie für diejenigen sein, die bereit sind, sich der Herausforderung zu stellen und die erforderlichen Fähigkeiten zu erwerben.

In den folgenden Abschnitten dieses Kapitels werden wir die Vor- und Nachteile des Scalpings sowie praktische Beispiele und Fallstudien diskutieren, die ein tieferes Verständnis für die Anwendung dieser einzigartigen Day-Trading-Strategie ermöglichen.

21.2 Vorteile Und Nachteile Von Scalping

Scalping ist eine der populärsten Day-Trading-Strategien. Bevor wir jedoch tiefer in die spezifischen Merkmale dieser Strategie einsteigen, ist es wichtig, sowohl die Vorteile als auch die Nachteile dieses Ansatzes zu betrachten.

Beginnen wir mit den Vorteilen von Scalping:

Schnelle Gewinnrealisierung: Im Scalping zielen Trader darauf ab, schnell Gewinne zu erzielen, oft innerhalb weniger Minuten. Das schnelle Schließen von Positionen reduziert die Exposition gegenüber Risiken aufgrund von längerfristigen Marktschwankungen.

Geringeres Übernachtrisiko: Da Scalper ihre Positionen in der Regel vor Marktschluss auflösen, vermeiden sie das Risiko von Übernachtpositionen, bei denen unvorhersehbare Ereignisse den Preis der gehandelten Instrumente stark beeinflussen können.

Trotz dieser Vorteile birgt Scalping auch erhebliche Nachteile, die sorgfältig berücksichtigt werden müssen:

Hohe Transaktionskosten: Aufgrund der großen Anzahl von Trades können sich die Transaktionskosten schnell summieren. Diese Kosten können die erzielten Gewinne erheblich schmälern und in einigen Fällen sogar zu Verlusten führen.

Hohes Stresslevel: Scalping erfordert eine ständige Marktbeobachtung und schnelle Entscheidungsfindung. Dies kann auf Dauer sehr stressig sein und erfordert eine hohe emotionale Belastbarkeit.

Geringere Gewinnmargen pro Trade: Im Gegensatz zu anderen Day-Trading-Strategien, bei denen größere Preisbewegungen ausgenutzt werden, zielt Scalping auf sehr kleine Kursbewegungen ab. Dies bedeutet, dass der Gewinn pro Trade oft gering ist.

Risiko von plötzlichen Marktveränderungen: Während Scalper versuchen, kurzfristige Marktschwankungen zu nutzen, können unerwartete Marktveränderungen oder News-Events zu erheblichen Verlusten führen. Schnelles Reagieren und adäquate Risikomanagement-Strategien sind daher unerlässlich.

Insgesamt ist Scalping eine anspruchsvolle und zeitaufwändige Strategie, die eine sorgfältige Planung, kontinuierliche Marktbeobachtung und effektives Risikomanagement erfordert. Trader, die sich für Scalping entscheiden, sollten sich der damit verbundenen Herausforderungen bewusst sein und sicherstellen, dass sie über die notwendigen Fähigkeiten und Werkzeuge verfügen, um diese effektiv zu bewältigen. Im nächsten Abschnitt werden wir uns konkrete Beispiele und Fallstudien zum Scalping ansehen, um Ihnen einen noch tieferen Einblick in diese faszinierende Trading-Strategie zu geben.

21.3 Praktische Beispiele Und Fallstudien Zum Scalping

Nachdem wir die grundlegenden Konzepte und theoretischen Aspekte des Scalping behandelt haben, ist es an der Zeit, die praktische Seite zu erkunden. Eine fundierte Ausbildung ist wichtig, aber nichts schlägt das Lernen durch praktische Beispiele und Fallstudien.

Beginnen wir mit einem einfachen Beispiel: Angenommen, Sie sind ein Daytrader, der sich für das Scalping als primäre Handelsstrategie entschieden hat. Sie beobachten den EUR/USD-Devisenmarkt und warten auf Gelegenheiten, bei denen sich der Preis um nur ein paar Pips bewegt. Ihr Trading-Setup hat Sie auf eine potenzielle Kaufmöglichkeit aufmerksam gemacht.

Ihre technischen Indikatoren zeigen eine steigende Trendlinie, und es gibt eine Unterstützungszone, die in der jüngsten Vergangenheit mehrfach gehalten hat. Der Preis erreicht diese Zone und prallt leicht nach oben ab. Dies deutet auf eine potenzielle Kaufmöglichkeit hin. Sie entscheiden sich also, eine Long-Position einzugehen und setzen ein Gewinnziel von 5 Pips über Ihrem Einstiegspreis.

Nachdem Sie die Position eröffnet haben, beobachten Sie den Markt genau und sehen, dass der Preis in Ihre gewünschte Richtung tendiert. Sie behalten die Position so lange bei, bis Ihr Gewinnziel erreicht ist. Sobald die 5 Pips Gewinn realisiert sind, schließen Sie die Position und sichern Ihren Gewinn. Ihr Risikomanagementplan erlaubte es Ihnen, das Risiko zu minimieren und gleichzeitig einen kleinen, aber konsistenten Gewinn zu erzielen.

In einer anderen Fallstudie nehmen wir das Beispiel eines Scalpers, der im S&P 500 Index-Handel aktiv ist. Der Trader hat eine bevorzugte Zeitspanne von 1 Minute und benutzt den Moving Average Convergence Divergence (MACD) als primären technischen Indikator. Die Strategie ist, in die Richtung des MACD-Signals zu handeln, wenn es eine Divergenz zwischen dem MACD und dem Preis gibt.

Während einer bestimmten Handelssitzung sieht der Trader, dass der MACD eine aufsteigende Divergenz zeigt, während der

Preis des S&P 500-Index eine absteigende Bewegung zeigt. Dies ist ein starkes Kaufsignal, und der Trader geht eine Long-Position ein. Der Trader setzt ein Gewinnziel von 2 Punkten und ein Stop-Loss von 2 Punkten. Nach ein paar Minuten steigt der Preis und trifft das Gewinnziel. Der Trader schließt die Position und realisiert den Gewinn.

Diese beiden Fallstudien zeigen, wie Scalper ihre Strategien in Echtzeit umsetzen. Es ist wichtig zu betonen, dass, obwohl Scalping oft als eine risikoarme Strategie dargestellt wird, es seine eigenen Herausforderungen und Risiken mit sich bringt. Eine genaue Marktbeobachtung, schnelle Entscheidungsfindung, sowie ein effektives Risikomanagement sind von imenser Bedeutung für den Erfolg beim Scalping.

SWING TRADING

22.1 Was Ist Swing Trading Und Wie Unterscheidet Es Sich Vom Day Trading?

Swing Trading und Day Trading sind beides spezialisierte Handelsstrategien, die in der Welt des Börsenhandels weit verbreitet sind. Beide Ansätze teilen die gleiche grundlegende Zielsetzung: Gewinne durch kurzfristige Preisänderungen von Aktien, Währungen, Rohstoffen und anderen handelbaren Vermögenswerten zu erzielen. Jedoch unterscheiden sie sich in entscheidenden Punkten wie Zeitrahmen, Strategie und Risikoprofil, die im Folgenden eingehender erläutert werden.

Swing Trading ist eine mittelfristige Strategie, bei der Händler versuchen, von Preisschwankungen oder "Swings" in einem Aktien- oder anderen Finanzmarkt zu profitieren. Ein Swing-Trader hält Positionen in der Regel über mehrere Tage bis Wochen, manchmal sogar Monate, mit dem Ziel, Gewinne aus erheblichen Preisbewegungen zu erzielen. Das Herzstück der Swing-Handelsstrategie ist die Fähigkeit, sowohl technische als auch fundamentale Analysen zu nutzen, um potenzielle Gewinnmöglichkeiten zu identifizieren.

Im Gegensatz dazu konzentriert sich Day Trading, wie der Name schon andeutet, auf Trades, die innerhalb eines einzigen Handelstages abgeschlossen werden. Day Trader halten keine Positionen über Nacht; sie kaufen und verkaufen Vermögenswerte innerhalb kürzester Zeit, oft Minuten oder sogar Sekunden. Der Hauptfokus liegt dabei auf technischer Analyse und Preisaktionen. Diese Strategie erfordert eine schnelle Reaktion und eine ständige Überwachung des Marktes.

In Bezug auf das Risikomanagement unterscheidet sich das Swing Trading vom Day Trading durch seine längeren Zeithorizonte, die dazu führen können, dass Swing Trader größeren potenziellen Preisvolatilitäten und Overnight-Risiken ausgesetzt sind. Day Trader hingegen sind vor den Risiken geschützt, die durch Ereignisse auftreten können, die sich außerhalb der Handelszeiten ereignen, da sie ihre Positionen täglich schließen.

Die Unterschiede in den Handelszeiträumen führen zu unterschiedlichen Anforderungen an die technische Infrastruktur und die Ressourcen der Händler. Während Day Trading oft teure Hochgeschwindigkeits-Handelsplattformen und fortlaufende Marktüberwachung erfordert, können Swing Trader oft mit weniger technischen Ressourcen auskommen und müssen den Markt nicht ständig im Auge behalten.

Zusammenfassend lässt sich sagen, dass sowohl Swing Trading als auch Day Trading ihre spezifischen Vorteile und Herausforderungen haben. Die Wahl zwischen diesen Handelsstrategien hängt von mehreren Faktoren ab, darunter das Risikoprofil des Händlers, seine finanziellen Ressourcen, seine Zeitverfügbarkeit und seine Handelsziele. Beide erfordern fundiertes Wissen, Disziplin und effektive Strategien, um langfristig erfolgreich zu sein.

22.2 Vorteile Und Nachteile Des Swing Tradings

Swing Trading steht in einem besonderen Kontext zu anderen Handelsmethoden und bietet eine Reihe von Vor- und Nachteilen, die bei der Auswahl einer Trading-Strategie sorgfältig abgewogen werden müssen.

Zu den Vorteilen des Swing Tradings gehört zunächst der Aspekt der Zeit. Im Gegensatz zum Day Trading, bei dem Positionen innerhalb eines Handelstages geöffnet und geschlossen werden, erlaubt Swing Trading Händlern, Positionen über mehrere Tage, Wochen oder sogar Monate zu halten. Dies kann zu einer geringeren Zeitanforderung führen, da nicht kontinuierlich der Markt beobachtet werden muss. Zudem ermöglicht die längere Haltedauer potenziell größere Gewinne, da Positionen mehr Zeit haben, sich in die gewünschte Richtung zu entwickeln.

Ein weiterer Vorteil des Swing Tradings ist die Flexibilität. Es eignet sich sowohl für bullische als auch für bärische Marktbedingungen, da es darum geht, Schwünge innerhalb von Trendzyklen zu nutzen. Daher kann ein Swing-Trader auch von abwärts gerichteten Märkten profitieren, indem er bei hohen Kursen verkauft und bei niedrigen Kursen zurückkauft.

Auch die Diversifikation ist ein wesentlicher Aspekt. Swing Trader haben die Möglichkeit, in einer Vielzahl von Vermögenswerten zu handeln, darunter Aktien, Devisen, Futures und Optionen, was die Risiken durch Diversifikation reduzieren kann.

Trotz dieser Vorteile hat Swing Trading auch seine Herausforderungen. Einer der Hauptnachteile ist das sogenannte Overnight-Risiko. Da Positionen über Nacht oder sogar über Wochenenden und Feiertage gehalten werden, können unerwartete Marktereignisse außerhalb der Handelszeiten zu erheblichen Kursbewegungen führen, die möglicherweise nicht rechtzeitig gehandhabt werden können.

Ein weiterer Nachteil ist das höhere Kapitalanforderungsrisiko. Swing Trading erfordert in der Regel eine größere Kapitalausstattung als Day Trading, da Positionen über einen längeren Zeitraum gehalten werden und daher eine größere Marktbewegung absorbieren können müssen. Zudem können durch das Halten von Positionen über Nacht zusätzliche Kosten entstehen, wie z. B. Finanzierungskosten.

Die Komplexität ist ein weiterer Faktor, der berücksichtigt werden muss. Swing Trading kann eine eingehende technische und fundamentale Analyse erfordern, um potenzielle Handelsmöglichkeiten zu identifizieren und das Risiko zu bewerten. Zudem erfordert es eine effektive Strategie für das Risikomanagement, um Verluste zu begrenzen und Gewinne zu maximieren.

Abschließend lässt sich sagen, dass Swing Trading eine faszinierende Handelsstrategie mit einer Reihe von Vorteilen darstellt. Allerdings sollte sie nur nach sorgfältiger Überlegung und angemessener Vorbereitung in Betracht gezogen werden.

22.3 Praktische Anwendung Des Swing Tradings

Swing Trading ist eine flexible und vielseitige Strategie, die sich auf die Identifizierung und Ausnutzung kurz- bis mittelfristiger Preisschwankungen konzentriert. Seine Wirksamkeit beruht auf sorgfältigem Risikomanagement, klaren Ein- und Ausstiegspunkten und dem Verständnis der Marktvolatilität.

Im Kontext der praktischen Anwendung besteht der erste Schritt im Swing Trading darin, die Marktbedingungen zu beurteilen. Swing Trader suchen nach Trends, die aufwärts oder abwärts gerichtet sein können. Die Identifizierung eines starken Trends ist entscheidend, da Swing-Trading-Positionen oft in Trendrichtung eingegangen werden.

Eine der Schlüsselmethoden zur Identifizierung solcher Trends sind technische Indikatoren wie gleitende Durchschnitte. Ein gleitender Durchschnitt kann uns einen sanfteren Kursverlauf zeigen, indem er das „Rauschen" einzelner Preisänderungen reduziert. Beispielsweise könnte ein Aufwärtstrend durch steigende Tief- und Hochpunkte im Kursverlauf und durch einen Preis, der über einem bestimmten gleitenden Durchschnitt liegt, bestätigt werden.

Ein weiterer entscheidender Aspekt der praktischen Anwendung des Swing Tradings ist die Identifizierung von Unterstützungs- und Widerstandszonen. Diese Zonen stellen Preisbereiche dar, in denen die Kursbewegung dazu neigt, zu stagnieren oder sich umzukehren, und sie können oft gute Gelegenheiten für Ein- und Ausstiege bieten.

Nachdem ein Trend und mögliche Unterstützungs- und Widerstandszonen identifiziert wurden, muss der Swing-Trader dann einen Eintrittspunkt finden. Im Idealfall liegt dieser Eintrittspunkt nahe einer Unterstützungszone in einem Aufwärtstrend oder nahe einer Widerstandszone in einem Abwärtstrend. Swing Trader nutzen häufig technische Indikatoren wie den RSI (Relative Strength Index) oder den Stochastic Oscillator, um überkaufte oder überverkaufte

Bedingungen zu identifizieren, die einen möglichen Trendwechsel anzeigen könnten.

Die Festlegung von Stop-Loss- und Take-Profit-Niveaus ist ein weiterer zentraler Aspekt des Swing Tradings. Ein Stop-Loss-Auftrag ist eine Anweisung, eine Position zu einem bestimmten Preis zu schließen, um Verluste zu begrenzen, falls sich der Markt gegen die Position bewegt. Take-Profit-Aufträge hingegen werden eingesetzt, um Gewinne zu sichern, wenn der Markt ein vorher festgelegtes Niveau erreicht. Es ist wichtig, dass diese Niveaus in einem angemessenen Verhältnis zueinander stehen, um ein gutes Risiko-Ertrags-Verhältnis zu gewährleisten.

Die praktische Umsetzung von Swing-Trading-Strategien erfordert Geduld, Disziplin und eine konsequente Anwendung bewährter Handelsprinzipien. Eine erfolgreiche Swing-Trading-Praxis erfordert auch eine fortlaufende Marktbeobachtung und -analyse, da sich Marktbedingungen und Trends ändern können.

MOMENTUM TRADING

23.1 Erläuterung Des Konzepts Des Momentum Tradings

Momentum Trading ist eine aufregende und anspruchsvolle Trading-Strategie, die auf den Prinzipien von Geschwindigkeit und Bewegung basiert. Sie nutzt die Schwungkraft des Marktes aus, um Trades zu identifizieren und zu platzieren, die eine hohe Wahrscheinlichkeit aufweisen, einen Gewinn zu erzielen.

In den Finanzmärkten bezieht sich das Momentum auf die Geschwindigkeit der Preisänderungen von Wertpapieren. Dabei geht es darum, wie schnell oder langsam sich der Preis eines Wertpapiers bewegt, über einen bestimmten Zeitraum hinweg. Momentum Trader nutzen dieses Phänomen, indem sie in Richtung des bestehenden Trends handeln, mit der Erwartung, dass dieser sich fortsetzen wird.

Das Prinzip des Momentum Tradings basiert auf der Annahme, dass Wertpapiere, die sich in der Vergangenheit gut entwickelt haben, auch in der Zukunft gut abschneiden werden. Ebenso wird angenommen, dass Wertpapiere, die in der Vergangenheit schlecht performt haben, weiterhin schlecht performen werden. In diesem Sinne, unterscheidet sich das Momentum Trading stark von der "Buy Low, Sell High"-Strategie und legt stattdessen den Fokus auf "Buy High, Sell Higher".

Momentum Trading wird oft mit der technischen Analyse in Verbindung gebracht, da viele der Indikatoren und Tools, die in diesem Trading-Stil verwendet werden, dazu dienen, das Momentum eines bestimmten Wertpapiers oder Marktes zu messen. Einige gängige Momentum-Indikatoren sind der Moving Average Convergence Divergence (MACD), der Relative Strength Index (RSI) und der Stochastic Oscillator. Diese Indikatoren können dazu beitragen, zu identifizieren, wann ein Trend beginnt oder endet und wann ein Wertpapier überkauft oder überverkauft ist.

Eine der größten Herausforderungen im Momentum Trading besteht darin, den richtigen Zeitpunkt für den Ein- und Ausstieg aus einem Trade zu finden. Das Momentum kann schnell wechseln, und wenn Trades nicht sorgfältig überwacht und verwaltet werden, kann dies zu erheblichen Verlusten führen. Daher erfordert diese Strategie sowohl Disziplin als auch ein gründliches Verständnis der technischen Analyse und der Marktmechanismen.

Im nächsten Unterabschnitt werden wir uns näher mit erfolgreichen Strategien des Momentum Tradings beschäftigen, um Ihnen ein tieferes Verständnis dieser faszinierenden Trading-Technik zu ermöglichen.

23.2 Erfolgreiche Momentum Trading Strategien

Momentum Trading ist eine spezielle Art des Tradings, die von schnellen und kurzfristigen Bewegungen des Marktes profitiert. Es basiert auf der Idee, dass Wertpapiere, die sich in eine bestimmte Richtung bewegen, dazu neigen, diese Bewegung fortzusetzen. Hier werden wir uns einige erfolgreiche Momentum Trading Strategien ansehen und besprechen, wie sie in der Praxis umgesetzt werden können.

Die Pullback-Strategie ist eine der beliebtesten Momentum Trading Strategien. Sie beruht auf der Idee, dass eine Aktie nach einer starken Kursbewegung eine kurze Konsolidierungsphase (Pullback) durchlaufen kann, bevor sie ihre Bewegung in die gleiche Richtung fortsetzt. Bei der Pullback-Strategie kauft der Trader in der Regel während des Pullbacks und verkauft, wenn die Aktie wieder an Momentum gewinnt.

Die Breakout-Strategie ist eine weitere häufig verwendete Momentum Trading Strategie. Ein "Breakout" tritt auf, wenn der Preis eines Wertpapiers einen vorher festgelegten Widerstand oder eine Unterstützung durchbricht und sich schnell in diese Richtung bewegt. Trader, die die Breakout-Strategie verwenden, setzen auf den fortgesetzten Preisdruck nach dem Durchbruch, um Gewinne zu erzielen.

Die News-Strategie basiert auf der Idee, dass Nachrichtenereignisse einen erheblichen Einfluss auf die Preisbewegungen eines Wertpapiers haben können. Bei der News-Strategie versucht der Trader, vor oder unmittelbar nach einem wichtigen Nachrichtenereignis in eine Position einzusteigen, um von der daraus resultierenden Preisbewegung zu profitieren. Die Herausforderung bei dieser Strategie besteht darin, die Auswirkungen der Nachrichten richtig zu interpretieren und schnell zu handeln.

Eine andere beliebte Momentum-Strategie ist die Gap-Strategie. "Gaps" treten auf, wenn der Preis eines Wertpapiers zwischen zwei Handelsperioden einen Sprung macht, ohne dass es dazwischen Handelsaktivität gibt. Gaps können aus verschiedenen Gründen auftreten, wie z. B. aufgrund von Nachrichtenereignissen, und Momentum-Trader versuchen, von den Preisbewegungen zu profitieren, die oft auf ein Gap folgen.

Es ist wichtig zu betonen, dass jede dieser Strategien Risiken birgt und eine gründliche Analyse und ein robustes Risikomanagement erfordert. Momentum Trading kann hohe Renditen bieten, erfordert jedoch auch eine sorgfältige Überwachung des Marktes und eine schnelle Reaktionsfähigkeit. Es ist nicht für jeden Trader geeignet und sollte nur von denjenigen in Erwägung gezogen werden, die bereit und in der Lage sind, das hohe Maß an Aktivität und Aufmerksamkeit zu bewältigen, das diese Art von Trading erfordert.

23.3 Fallstudien Zum Momentum Trading

Momentum Trading ist eine Technik, die auf der Idee basiert, dass Aktien, die sich in eine bestimmte Richtung bewegen, wahrscheinlich weiter in diese Richtung bewegen werden. Händler, die das Momentum nutzen, suchen nach Aktien, die eine starke Aufwärts- oder Abwärtsbewegung zeigen, und versuchen, diese Aktien während des Trends zu kaufen oder zu verkaufen. Um die Anwendung dieser Strategie zu veranschaulichen, werden wir uns zwei reale Fälle aus der jüngsten Marktgeschichte ansehen.

Fallstudie 1: Momentum Trading bei Tech-Aktien während der Covid-19-Pandemie

Zu Beginn der Covid-19-Pandemie im Frühjahr 2020 verzeichneten viele Technologieaktien starke Gewinne. Mit zunehmender Verlagerung der Arbeit und des Lernens in den Online-Bereich sowie einem verstärkten Fokus auf digitale Unterhaltung stieg die Nachfrage nach Technologiedienstleistungen und -produkten stark an. Dies führte zu einem starken Momentum für Technologieaktien wie Amazon, Microsoft und Zoom. Händler, die diese Bewegung erkannt und in diese Aktien investiert haben, konnten erhebliche Gewinne erzielen, indem sie auf das aufsteigende Momentum setzten.

Fallstudie 2: Momentum Trading bei GameStop (GME)

Anfang 2021 erlebte die Aktie des Einzelhändlers GameStop (GME) eine erhebliche Aufwärtsbewegung. Eine Gruppe von Händlern auf der Online-Plattform Reddit hatte begonnen, die Aktie zu kaufen, was zu einem schnellen Preisanstieg führte. Viele Momentum-Trader sahen diese Bewegung und begannen ebenfalls, die Aktie zu kaufen, was den Preis noch weiter in die Höhe trieb. Während einige Händler auf diese Weise erhebliche Gewinne erzielten, führte das abrupte Ende des Aufwärtstrends zu erheblichen Verlusten für andere, die zu spät in den Trend eingestiegen waren.

Diese beiden Fallstudien veranschaulichen sowohl die potenziellen Gewinne als auch die Risiken des Momentum Tradings. Im Falle der Technologieaktien während der Pandemie bot das aufsteigende Momentum eine Gelegenheit für erhebliche Gewinne. Bei GameStop hingegen zeigt die Aktie, dass das Momentum schnell umkehren kann, was zu erheblichen Verlusten führen kann.

Es ist wichtig zu bedenken, dass Momentum Trading nicht

einfach darin besteht, eine Aktie zu kaufen, nur weil sie steigt. Es erfordert eine gründliche Analyse, um sicherzustellen, dass das Momentum auf soliden Fundamentaldaten basiert und nicht nur auf Spekulationen. Zudem muss auch das Risikomanagement beachtet werden, um Verluste zu begrenzen, falls sich der Trend umkehrt. In den folgenden Kapiteln werden wir uns mit weiteren Strategien und Techniken des Day Tradings beschäftigen, die Ihnen helfen können, Ihre Trading-Fähigkeiten weiter zu entwickeln.

VERWENDUNG VON TECHNISCHEN INDIKATOREN

24.1 Verwendung Von Moving Averages, Rsi, Macd Und Anderen Indikatoren

Zu den grundlegenden Werkzeugen in der technischen Analyse zählen Indikatoren wie Moving Averages, der Relative Strength Index (RSI) und der Moving Average Convergence Divergence (MACD). Sie bieten wertvolle Einblicke in die Marktbewegungen und helfen, Handelsentscheidungen zu treffen.

Moving Averages sind vielleicht die am weitesten verbreiteten technischen Indikatoren im Day Trading. Sie dienen als Maß für den Durchschnittskurs eines Vermögenswerts über einen bestimmten Zeitraum und können dazu beitragen, den Trend eines Marktes zu identifizieren. Es gibt verschiedene Arten von gleitenden Durchschnitten, einschließlich einfacher (SMA), exponentieller (EMA) und gewichteter (WMA) gleitender Durchschnitte, die jeweils ihre spezifischen Vor- und Nachteile haben. Im Allgemeinen können sie dabei helfen, mögliche Unterstützungs- und Widerstandsniveaus zu erkennen und Trends zu bestätigen oder zu widerlegen.

Der Relative Strength Index (RSI) ist ein Oszillator, der dazu dient, überkaufte oder überverkaufte Bedingungen zu erkennen. Er reicht von 0 bis 100, wobei Werte über 70 im Allgemeinen als überkauft und Werte unter 30 als überverkauft gelten. Day Trader verwenden den RSI oft in Kombination mit anderen Indikatoren, um potenzielle Umkehrpunkte zu identifizieren und Ein- oder Ausstiegspunkte zu bestimmen.

Der Moving Average Convergence Divergence (MACD) ist ein weiterer Oszillator, der zur Identifizierung von potenziellen Kauf- und Verkaufssignalen dient. Er besteht aus zwei Linien – der MACD-Linie und der Signallinie – sowie einem

Histogramm. Kreuzt die MACD-Linie die Signallinie von unten nach oben, wird dies oft als Kaufsignal interpretiert, während ein Kreuzen von oben nach unten als Verkaufssignal angesehen wird. Das MACD-Histogramm, das die Differenz zwischen den beiden Linien darstellt, kann ebenfalls zur Identifizierung von Divergenzen und Konvergenzen verwendet werden, die auf mögliche Trendumkehrungen hindeuten könnten.

Es ist wichtig, dass technische Indikatoren nicht isoliert betrachtet werden sollten. In Kombination mit anderen Analysewerkzeugen und -techniken können sie jedoch dazu beitragen, ein umfassenderes Verständnis der Marktbedingungen zu entwickeln und informierte Handelsentscheidungen zu treffen. Als Day Trader ist es daher unerlässlich, ein solides Verständnis für die Funktionsweise und Anwendung dieser und anderer technischer Indikatoren zu entwickeln.

24.2 Wahl Des Richtigen Indikators Für Verschiedene Marktsituationen

Zunächst sollte die vorherrschende Markttrendrichtung ermittelt werden. In einem Aufwärtstrend, charakterisiert durch höhere Hochs und höhere Tiefs, eignen sich trendfolgende Indikatoren wie Moving Averages (MAs) oder der bereits erwähnte Moving Average Convergence Divergence (MACD). Diese Indikatoren liefern nützliche Informationen, wenn der Markt einen klaren Trend aufweist. Sie können helfen, die Stärke des Trends zu messen und potenzielle Ein- und Ausstiegszeiten zu signalisieren.

In Seitwärtstrends hingegen, wenn die Preise innerhalb einer bestimmten Bandbreite schwanken, können Oszillatoren wie der Relative Strength Index (RSI) oder der Stochastic Oscillator verwendet werden. Diese Indikatoren messen die überkauften und überverkauften Zustände und können bei der Identifizierung möglicher Wendepunkte im Preisverlauf hilfreich sein.

Weiterhin sollte der Trader das Zeitfenster berücksichtigen, in dem er handelt. Kurzfristige Trader, die Positionen nur für Minuten bis Stunden halten, bevorzugen in der Regel Indikatoren mit geringerem Zeitfenster, um kleinere, aber häufigere Handelsmöglichkeiten zu identifizieren. Langfristige Trader, die Positionen für Tage, Wochen oder sogar Monate halten, verwenden in der Regel Indikatoren mit längeren Zeitfenstern, um langfristige Trends und Handelsmöglichkeiten zu identifizieren.

Verschiedene Märkte haben unterschiedliche Volatilitätsgrade, Trendstärken und Liquiditätsniveaus, die die Wahl des Indikators beeinflussen können.

Um die beste Wahl zu treffen, sollten Trader verschiedene Indikatoren testen und ihre Performance auf Basis historischer Daten analysieren. Dabei sollte der Trader stets bedenken, dass kein Indikator perfekte Signale liefert und dass die Verwendung von Indikatoren immer in Verbindung mit anderen Aspekten der technischen Analyse, wie der Chartanalyse und dem Preisaktionstrading, betrachtet werden sollte.

Letztlich kann die Wahl des richtigen Indikators einen wesentlichen Unterschied für den Handelserfolg ausmachen. Mit der richtigen Kombination aus technischen Indikatoren kann der Trader ein effektives System zur Marktanalyse aufbauen, das hilft, fundierte Handelsentscheidungen zu treffen und letztendlich profitable Trading-Gelegenheiten zu identifizieren.

24.3 Kombination Mehrerer Indikatoren Für Optimale Ergebnisse

Nach dem Verständnis von grundlegenden technischen Indikatoren und ihrer Anwendung in verschiedenen Marktsituationen, wird es nun von zentraler Bedeutung, diese Indikatoren zu kombinieren, um optimale Trading-Ergebnisse zu erzielen. Dieser Abschnitt zielt darauf ab, die Komplexität dieser Aufgabe zu entwirren und den Lesern einen klaren

Leitfaden zu bieten.

Kein technischer Indikator allein kann ein vollständiges Bild des Marktes abbilden. Jeder Indikator hat seine eigenen Stärken und Schwächen und kann nur bestimmte Aspekte der Marktbedingungen abdecken. Daher ist es eine weit verbreitete und effektive Praxis, mehrere technische Indikatoren zu kombinieren, um einen umfassenderen und zuverlässigeren Blick auf den Markt zu erhalten.

Die Kombination verschiedener technischer Indikatoren kann auch dazu beitragen, die Genauigkeit der Handelssignale zu erhöhen. Einige Indikatoren könnten z.b. als Bestätigung für die Signale anderer Indikatoren dienen. Wenn beispielsweise ein Moving Average Crossover ein Kaufsignal gibt und gleichzeitig der RSI überkauft ist, könnte dies als eine stärkere Bestätigung des Kaufsignals interpretiert werden.

Es ist jedoch wichtig, das Konzept der Multikollinearität zu beachten, das besagt, dass die Verwendung von zu vielen ähnlichen oder korrelierten Indikatoren zu redundanten Informationen führen kann. Wenn zum Beispiel zwei Indikatoren, die beide Trendinformationen liefern, gleichzeitig verwendet werden, könnten sie ähnliche Signale liefern und somit keinen zusätzlichen Wert bringen. Daher sollte die Auswahl der Indikatoren sorgfältig vorgenommen werden, um eine Vielzahl von Informationen zu liefern.

Zur Kombination von Indikatoren gehört auch das Verständnis, wie sie zusammenarbeiten können. Einige Indikatoren könnten besser als führende Indikatoren funktionieren und frühzeitige Signale liefern, während andere als nachlaufende Indikatoren dienen könnten, um diese Signale zu bestätigen. Darüber hinaus könnten einige Indikatoren in trendorientierten Märkten besser funktionieren, während andere in seitwärts gerichteten oder volatilen Märkten effektiver sein könnten.

Letztlich ist die effektive Kombination von technischen Indikatoren eine Kunst, die auf der Kenntnis der verschiedenen Indikatoren, der Marktbedingungen und der eigenen Handelsstrategie basiert. Es erfordert Geduld, Übung und ständige Lernbereitschaft, um die optimale Kombination von Indikatoren zu finden, die den individuellen Anforderungen jedes Traders gerecht wird.

Im nächsten Kapitel werden wir uns weiter in die Tiefe der technischen Analyse vertiefen und die Kunst des Erkennens und Interpretierens von Chartmustern untersuchen, die eine weitere wichtige Facette der technischen Analyse darstellen.

CHARTMUSTER ERKENNEN
UND INTERPRETIEREN

25.1 Einführung In Gängige Chartmuster Wie Kopf Und Schultern, Double Top Und Bottom Etc.

Die Kunst des Day-Tradings erfordert eine umfassende Kenntnis der verschiedenen Chartmuster. Chartmuster sind spezifische Formationen, die auf Preisdiagrammen entstehen und häufig die zukünftige Richtung des Preises vorhersagen. Die Fähigkeit, diese Muster zu erkennen und richtig zu interpretieren, ist ein zentraler Aspekt einer erfolgreichen Handelsstrategie.

Beginnen wir mit dem "Kopf und Schultern"-Muster. Dieses Muster ist ein Umkehrsignal und signalisiert normalerweise das Ende eines Aufwärtstrends. Es besteht aus drei Spitzen, wobei der mittlere Gipfel (der "Kopf") höher ist als die beiden umgebenden Spitzen (die "Schultern"). Die "Schultern" sind in etwa auf dem gleichen Preisniveau, und die Linie, die diese Punkte verbindet, wird als "Halslinie" bezeichnet. Ein Bruch der Halslinie nach Abschluss des Musters signalisiert eine Trendumkehr.

Das "Double Top" und "Double Bottom"-Muster sind ebenfalls gängige Umkehrmuster. Ein "Double Top"-Muster entsteht, wenn der Preis zweimal den gleichen Hochpunkt erreicht und dann abnimmt. Es signalisiert das Ende eines Aufwärtstrends. Ein "Double Bottom"-Muster hingegen entsteht, wenn der Preis zweimal den gleichen Tiefpunkt erreicht und dann ansteigt. Es markiert das Ende eines Abwärtstrends.

Man muss beachten, dass kein Chartmuster eine hundertprozentige Genauigkeit in der Vorhersage zukünftiger Preisbewegungen gewährleistet. Stattdessen dienen sie als Werkzeuge, die Trader verwenden können, um ihre Chancen zu verbessern und fundiertere Handelsentscheidungen zu treffen.

In den nächsten Abschnitten werden wir detailliert auf die Anwendung dieser Muster in der Handelsentscheidungsfindung eingehen und Fallstudien durchführen, um ihre praktische Anwendung zu demonstrieren. Mein Ziel ist es, Ihnen ein robustes Set an Kenntnissen und Fähigkeiten zu vermitteln, das Sie benötigen, um diese wichtigen visuellen Hinweise in den Charts zu entziffern und Ihre Trading-Strategien entsprechend anzupassen.

25.2 Anwendung Von Chartmustern In Der Handelsentscheidungsfindung

Die eben genauer beschriebenen Chartmuster "Kopf und Schultern", "Doppelte Spitze" (Double Top) und "Doppeltes Tief" (Double Bottom) entstehen durch die wiederholten Versuche der Marktteilnehmer, den Preis über oder unter ein bestimmtes Niveau zu drücken. Diese Muster können Wochen, Monate oder sogar Jahre dauern und geben den Tradern wertvolle Hinweise auf die Marktpsychologie.

Die Anwendung dieser Muster in der Handelsentscheidungsfindung ist sowohl Kunst als auch Wissenschaft. Es erfordert Übung, Geduld und Disziplin, um die subtilen Signale zu erkennen, die in diesen Mustern verborgen sind. Es erfordert auch ein gutes Verständnis der Marktmechanik und der technischen Analyse.

Aber Mustererkennung allein ist nicht genug. Es ist essentiell wichtig, sie mit anderen technischen Analysetools zu kombinieren, wie Trendlinien, Unterstützungs- und Widerstandsniveaus, etc. Muster können trügerisch sein, und eine sorgfältige Validierung ist unerlässlich, um falsche Signale zu vermeiden.

Ein weiterer wichtiger Aspekt ist das Verständnis der zugrundeliegenden Psychologie, die diese Muster erzeugt. Muster sind das Ergebnis kollektiver menschlicher Entscheidungen. Sie spiegeln die Hoffnungen, Ängste und Erwartungen der Marktteilnehmer wider. Das Verständnis dieser Dynamik kann dazu beitragen, die Auswirkungen von Marktnachrichten und -ereignissen auf die Preisbewegungen besser zu verstehen.

Letztlich ist die Fähigkeit, Chartmuster zu erkennen und zu interpretieren, ein wertvolles Werkzeug im Arsenal eines Day-Traders.

25.3 Fallstudien Zur Anwendung Von Chartmustern

Betrachten wir zunächst eine Fallstudie, die das Kopf-und-Schultern-Muster illustriert. Stellen Sie sich vor, Sie haben das Intraday-Chart einer bestimmten Aktie geöffnet und beobachten ein zunehmendes Handelsvolumen, das auf ein bevorstehendes Muster hindeutet. Zuerst identifizieren Sie ein hohes Volumen an der linken Schulter, gefolgt von einem Rückgang. Das Volumen nimmt dann erneut zu und bildet den "Kopf". Nach einem weiteren Rückgang tritt ein kleineres Volumen an der rechten Schulter auf. Bei einer genauen Betrachtung der Preisbewegungen stellen Sie fest, dass der Preis jedes Mal, wenn das Volumen ansteigt, ein neues Hoch erreicht und jedes Mal, wenn das Volumen abnimmt, der Preis sinkt. Diese Bewegung formt das Kopf-und-Schultern-Muster, welches auf eine bevorstehende Trendumkehr hindeuten kann.

Um diese Annahme zu testen, stellen Sie eine Verkaufsorder am sogenannten "Ausschnitt" ein - der Linie, die die Tiefpunkte zwischen Kopf und Schultern verbindet. Wenn der Preis diese Linie durchbricht, wird Ihre Order ausgelöst und Sie treten in eine Short-Position ein. An diesem Punkt erwarten Sie, dass der Preis weiter sinken wird, basierend auf dem vorliegenden Muster.

Der Markt ist unberechenbar und daher setzen Sie einen Stop-Loss oberhalb der rechten Schulter, um Ihre Verluste zu begrenzen, falls der Preis wider Erwarten steigen sollte. Wenn Ihre Analyse korrekt ist und der Preis fällt, können Sie einen Gewinn erzielen, indem Sie Ihre Position schließen, sobald der Preis ein neues Tief erreicht.

Diese Fallstudie zeigt, wie Sie durch die Anwendung von Chartmustern eine fundierte Entscheidung treffen können. Sie berücksichtigt sowohl die Preisbewegung als auch das Handelsvolumen und enthält wichtige Elemente wie die Positionierung von Orders und das Risikomanagement. Es ist wichtig zu wissen, dass trotz der sorgfältigen Analyse und Vorbereitung immer ein gewisses Risiko besteht. Jeder Trade ist einzigartig und kann durch eine Vielzahl von Faktoren beeinflusst werden, die außerhalb unserer Kontrolle liegen.

Eine weitere Fallstudie könnte das Double-Top- oder Double-Bottom-Muster verwenden, das auf eine stärkere Unterstützungs- oder Widerstandslinie hinweist.

BREAKOUT-STRATEGIEN

26.1 Was Ist Ein Breakout Und Wie Man Ihn Handelt

Ein "Breakout" ist ein Begriff aus dem Gebiet der technischen Analyse und beschreibt das Phänomen, wenn der Preis eines Wertpapiers aus einem bisher etablierten Preisbereich, häufig markiert durch bestimmte Unterstützungs- und Widerstandsniveaus, ausbricht. Dieser Ausbruch kann in jede Richtung geschehen – nach oben oder unten – und wird von Day Tradern oft als ein Signal für den Beginn eines neuen Trends oder die Beschleunigung eines bestehenden Trends angesehen.

Ein Beispiel für ein typisches Breakout-Szenario ist der Fall, in dem ein Aktienkurs über einen längeren Zeitraum zwischen einem Unterstützungslevel und einem Widerstandlevel schwankt. Dieses Muster wird oft als "Handelsspanne" bezeichnet und kann in einem Kurschart als parallele horizontale Linien visualisiert werden, die den Preis einklemmen. Ein Breakout tritt auf, wenn der Preis schließlich aus dieser Spanne ausbricht, sei es nach oben durch den Widerstand oder nach unten durch die Unterstützung.

Die Handelsstrategie, die Breakouts nutzt, basiert auf der Annahme, dass der Ausbruch ein Hinweis auf eine bevorstehende starke Bewegung in die Ausbruchsrichtung ist. Dies kann durch eine Vielzahl von Faktoren ausgelöst werden, beispielsweise durch ein wichtiges Unternehmensereignis, das Veröffentlichung von Quartalsberichten oder makroökonomische Daten. Der Trader versucht dabei, von dem erhöhten Volumen und der verstärkten Volatilität zu profitieren, die oft mit Breakouts einhergehen.

Im Kontext des Breakout-Handels gibt es zwei grundlegende Ansätze: den Handel des Ausbruchs selbst und den Handel des Rückzugs. Beim Ausbruchshandel versucht der Trader, so schnell wie möglich in die Ausbruchsrichtung zu handeln, sobald er feststellt, dass ein Ausbruch stattgefunden hat. Im Gegensatz dazu wartet der Rückzugshändler darauf, dass der Preis nach dem Ausbruch kurzzeitig zurückkehrt oder "zurückzieht" zu dem Niveau, das zuvor als Unterstützung oder Widerstand diente, bevor er eine Position in Richtung des ursprünglichen Ausbruchs eröffnet.

Unabhängig von dem gewählten Ansatz ist es wichtig zu beachten, dass nicht alle Breakouts in bedeutenden Preisbewegungen resultieren. Fehlausbrüche, auch bekannt als "Whipsaws" oder "Bull/Bear-Fallen", treten auf, wenn der Preis aus einem bestimmten Bereich ausbricht, aber schnell in die entgegengesetzte Richtung umkehrt. Daher ist es entscheidend, dass Day Trader, die Breakout-Strategien anwenden, strenge Risikomanagement-Prinzipien befolgen, um potenzielle Verluste zu begrenzen.

26.2 Beispiele Für Erfolgreiche Breakout-Trades

Ein entscheidender punkt der erfolgreichen Anwendung von Breakout-Strategien im Day-Trading ist das Verständnis ihrer praktischen Anwendung. Daher möchte ich nun mehrere Beispiele für erfolgreiche Breakout-Trades erörtern, die veranschaulichen, wie diese Strategie unter verschiedenen Marktbedingungen effektiv eingesetzt werden kann.

Beispiel 1: Breakout in starken Trends

In einem starken Aufwärtstrend können Breakouts häufig durch die Überschreitung von Widerstandsleveln identifiziert werden. Nehmen wir an, dass die Aktie eines Technologieunternehmens, das über mehrere Wochen einen soliden Aufwärtstrend verzeichnet hat, auf ein signifikantes Widerstandsniveau trifft. Im Kontext eines starken Aufwärtstrends könnte ein Breakout über dieses Niveau als Kaufsignal interpretiert werden. Die Bestätigung des Breakouts durch ein erhöhtes Handelsvolumen und andere technische Indikatoren könnte die Entscheidung zur Positionseröffnung weiter stärken.

Beispiel 2: Breakouts in Range-Märkten

In Märkten, die sich in einer Handelsspanne oder Range bewegen, können Breakouts ein Zeichen für eine bevorstehende Trendänderung sein. Angenommen, eine bestimmte Devisenpaarung pendelt seit einiger Zeit zwischen einer Unterstützungs- und Widerstandslinie hin und her. Wenn der Preis dann über den Widerstand ausbricht und dies mit einem Anstieg des Volumens und einem positiven Momentum einhergeht, könnte dies als Kaufsignal gewertet werden, das auf den Beginn eines neuen Aufwärtstrends hindeutet.

Beispiel 3: Breakouts in volatilen Märkten

In volatilen Märkten, in denen Preisschwankungen an der Tagesordnung sind, können Breakouts als Indikatoren für schnelle Preisbewegungen dienen. Beispielsweise könnte ein plötzlicher und signifikanter Preisanstieg über ein kürzlich etabliertes Widerstandsniveau in einer volatilen Kryptowährung als potenzielles Kaufsignal interpretiert werden, das auf eine weitere Beschleunigung des Aufwärtstrends hindeutet.

Diese Beispiele zeigen, dass Breakout-Strategien in verschiedensten Kontexten und Marktbedingungen angewendet werden können. Wichtig ist jedoch, dass kein einzelnes Signal oder keine einzelne Strategie eine Garantie für den Handelserfolg bietet. Eine sorgfältige Analyse, gründliches Risikomanagement und kontinuierliche Überprüfung sind entscheidende Elemente jeder erfolgreichen Trading-Strategie.

FADING-STRATEGIEN

27.1 Was Ist Fading Und Warum Ist Es Eine Gängige Strategie Im Day Trading?

Fading ist eine Handelsstrategie, die auf der Idee beruht, gegen den vorherrschenden Trend zu handeln. Sie stützt sich auf die Annahme, dass der Markt oft überreagiert, sei es aufgrund einer Nachricht, eines Wirtschaftsereignisses oder einer anderen marktbewegenden Situation. Day Trader, die Fading-Strategien anwenden, versuchen, von diesen vorübergehenden Überreaktionen des Marktes zu profitieren.

Fading kann als konträrer Ansatz zum Marktverständnis betrachtet werden und es erfordert eine gründliche Marktkenntnis sowie ein hohes Maß an Risikobereitschaft. Fader, wie die Trader, die diese Strategie verwenden, oft genannt werden, stellen sich gegen die Masse, in der Erwartung, dass der Preis letztendlich wieder zu einem Gleichgewichtsniveau zurückkehren wird.

Die Popularität der Fading-Strategie im Day Trading beruht auf mehreren Faktoren. Erstens bieten Überreaktionen des Marktes oft profitable Handelsmöglichkeiten. Wenn die Mehrheit der Marktteilnehmer in eine bestimmte Richtung handelt, kann der Markt überkauft oder überverkauft werden, was zu einer Preiskorrektur führen kann.

Zweitens ermöglicht Fading, unabhängig von der allgemeinen Marktrichtung zu handeln. Es kann in bull und bear markets gleichermaßen angewendet werden, solange die Bedingungen für eine Überreaktion gegeben sind.

Schließlich bietet Fading eine gewisse Flexibilität. Es gibt verschiedene Fading-Techniken, die auf unterschiedlichen Märkten und in unterschiedlichen Zeiträumen angewendet werden können. Einige Fader könnten sich beispielsweise dafür entscheiden, gegen plötzliche Kursbewegungen bei einzelnen Aktien zu handeln, während andere vielleicht eher gegen langfristige Markttrends vorgehen.

Obwohl Fading eine gängige Strategie im Day Trading ist, sollte es mit Vorsicht angewendet werden. Es erfordert viel Erfahrung und Verständnis für den Markt, um erfolgreiche Fading-Entscheidungen treffen zu können. Trader, die Fading-Strategien anwenden, müssen auch eine gute Kontrolle über ihre Emotionen haben, da es entgegen der allgemeinen Marktstimmung zu handeln, psychologisch herausfordernd sein kann.

In den folgenden Abschnitten werden wir die Risiken und Vorteile der Fading-Strategie näher betrachten und einige praktische Beispiele für Fading-Trades präsentieren. Dies wird Ihnen helfen, ein tieferes Verständnis dafür zu entwickeln, wie diese Strategie funktioniert und wie sie in Ihren eigenen Handelsplan integriert werden kann.

27.2 Risiken Und Vorteile Der Fading-Strategie

Obwohl die Fading-Strategie eine bewährte Methode im Day-Trading ist, birgt sie sowohl Vor als auch Nachteile, die Day-Trader berücksichtigen müssen, bevor sie diese in ihre Handelspläne einbinden.

Vorteile der Fading-Strategie beginnen mit der Chance, erhebliche Gewinne zu erzielen. Da Fading-Strategien darauf abzielen, Preisspitzen auszunutzen, die sich oft schnell ergeben, können Trader, die die Strategie effektiv anwenden, beträchtliche Renditen erzielen. Darüber hinaus ermöglicht Fading den Händlern, von Volatilität zu profitieren. Im Day-Trading ist Volatilität oft ein Freund, da sie Möglichkeiten für erhebliche Gewinne bietet. Darüber hinaus ermöglicht Fading Day-Tradern, von Kursrückgängen zu profitieren, eine Möglichkeit, die nicht in allen Handelsstrategien vorhanden ist. Trotz ihrer Vorteile bringt die Fading-Strategie auch eine Reihe von Risiken mit sich, genannt werden müssen. Das grösste Risiko besteht darin, dass der Markt gegen die Position des Traders läuft. Da Fading im Wesentlichen eine konträre Strategie ist, besteht immer die Möglichkeit, dass der Preis weiter in die Richtung tendiert, die der Trader wettet, was zu Verlusten führen kann. Es ist auch wichtig zu erwähnen, dass Fading eine sehr aktive Handelsstrategie ist, die ein hohes Maß an Aufmerksamkeit und schnelle Reaktion erfordert. Daher ist sie möglicherweise nicht für jeden Trader geeignet, insbesondere nicht für diejenigen, denen es nicht möglich ist, ihre Trades ständig zu überwachen.

Ein weiterer zu berücksichtigender punkt ist das sogenannte "Whipsaw"-Risiko. Whipsaws treten auf, wenn der Markt schnell hin und her schwankt, was zu schnellen Verlusten führen kann. Da Fading-Strategien oft in volatilen Märkten angewendet werden, ist das Risiko von Whipsaws besonders hoch.

Es ist auch gut zu wissen, dass obwohl Fading-Strategien, in bestimmten Marktbedingungen wirksam sein können, nicht immer die beste Wahl sind. In stetig steigenden oder fallenden Märkten kann Fading zu wiederholten Verlusten führen, da die Preise weiterhin gegen die Position des Traders laufen.

Man sollte, sowohl die Vorteile als auch die Risiken der Fading-Strategie zu verstehen und zu bewerten, ob sie für Ihre spezifischen Handelsziele und Risikotoleranzen geeignet ist. Es ist entscheidend, Fading-Strategien zu testen und ihre Leistung in verschiedenen Marktbedingungen zu überprüfen, bevor sie in einen umfassenden Handelsplan integriert werden.

27.3 Praktische Beispiele Für Fading-Trades

Beispiel 1: Betrachten wir einen hypothetischen Tageschart für die XYZ-Aktie. Am 3. Juni öffnete die Aktie bei 50 Euro und schloss bei 55 Euro - ein erheblicher Aufwärtstrend für den Tag. Allerdings sehen wir, dass der vorherige Tag und die Tage davor meist um die 50 Euro-Marke geschlossen haben. Als Fading-Trader könnten wir argumentieren, dass der Preis zu hoch ist und eine Short-Position einnehmen, um von einer möglichen

Rückkehr zum Durchschnittspreis zu profitieren.

Beispiel 2: Als nächstes betrachten wir eine hypothetische Forex-Paarung: EUR/USD. Wir beobachten, dass das Paar in einer Seitwärtsbewegung gehandelt wird und plötzlich einen starken Aufwärtstrend erlebt, der weit über das normale Niveau hinausgeht. Als Fading-Trader könnten wir eine Short-Position eingehen, da wir erwarten, dass das Paar wieder in seinen Durchschnittsbereich zurückkehrt.

Beispiel 3: Im letzten Beispiel betrachten wir einen Terminkontrakt - zum Beispiel den S&P 500 Future. Nach der Veröffentlichung eines wichtigen Wirtschaftsberichts beobachten wir eine starke Abwärtsbewegung. Diese Bewegung ist jedoch deutlich größer als die typischen täglichen Schwankungen. Basierend auf der Fading-Strategie könnten wir eine Long-Position eingehen, um von der erwarteten Rückkehr zum Durchschnittspreis zu profitieren.

Man muss beachten, dass bei jeder dieser Positionen ein Risikomanagement von entscheidender Bedeutung ist. Fading-Strategien können riskant sein, da sie im Grunde gegen den vorherrschenden Trend handeln. Daher ist es wichtig, Stop-Loss-Orders zu verwenden, um das Risiko zu begrenzen und Verluste zu minimieren.

Zusammenfassend lässt sich sagen, dass Fading-Strategien eine Möglichkeit bieten, von Preisextremen zu profitieren. Sie erfordern jedoch eine sorgfältige Analyse und ein effektives Risikomanagement. Wie bei allen Handelsstrategien ist Übung und Erfahrung der Schlüssel zum Erfolg. Daher ist es wichtig, diese Strategien zunächst in einem simulierten Handelsumfeld zu testen, bevor man sie auf ein Live-Konto anwendet.

NEWS TRADING

28.1 Wie Man Auf Marktbewegende Nachrichten Reagiert

Im Kontext des Day Tradings ist die Reaktion auf marktbewegende Nachrichten ein unverzichtbarer Faktor. Denn Nachrichten beeinflussen die Volatilität, und Volatilität bietet Day Tradern Gewinnmöglichkeiten. News Trading ist der Prozess, bei dem Trader Positionen aufgrund von Nachrichtenereignissen einnehmen oder auflösen.

Im Allgemeinen reagieren Day Trader auf zwei Arten von Nachrichten: geplante und ungeplante. Geplante Nachrichten sind Ereignisse, die zu einem festgelegten Zeitpunkt stattfinden, wie z. B. die Veröffentlichung von Wirtschaftsdaten, Quartalsberichten von Unternehmen oder Zinssatzentscheidungen von Zentralbanken. Trader haben diese Termine in der Regel in ihren Kalendern markiert und bereiten ihre Trading-Strategien entsprechend vor.

Ungeplante Nachrichten sind unvorhersehbar und können jederzeit auftreten. Sie umfassen Ereignisse wie geopolitische Ereignisse, Naturkatastrophen, unerwartete Regulierungsänderungen oder unerwartete Unternehmensnachrichten. Diese Art von Nachrichten kann zu plötzlichen und dramatischen Kursbewegungen führen.

Zum effektiven News Trading gehört mehr als nur die Beobachtung der Schlagzeilen. Trader müssen in der Lage sein, die potenziellen Auswirkungen der Nachrichten auf die Märkte schnell zu interpretieren. Es ist wichtig, dass die Märkte oft auf die Interpretation der Nachrichten durch die Mehrheit der Marktteilnehmer reagieren, nicht unbedingt auf die Nachrichten selbst. Daher kann eine Nachricht, die als positiv angesehen wird, den Preis einer Aktie steigen lassen, auch wenn die tatsächlichen Auswirkungen der Nachricht auf das zugrunde liegende Unternehmen ungewiss sind.

Es gibt verschiedene Strategien, um auf marktbewegende Nachrichten zu reagieren. Einige Trader nehmen Positionen ein, bevor die Nachricht veröffentlicht wird, in der Hoffnung, dass ihre Vorhersage richtig ist. Diese Strategie ist riskant, da sie im Wesentlichen auf einer Vermutung basiert. Eine andere, weniger riskante Strategie besteht darin, zu warten, bis die Nachricht veröffentlicht ist und der Markt eine Richtung eingeschlagen hat. Der Trader tritt dann in die Richtung des Trends ein, nachdem er bestätigt wurde.

Die Fähigkeit, schnell auf Nachrichten zu reagieren, ist ein entscheidender Faktor für den Erfolg beim News Trading. Day Trader nutzen häufig Echtzeit-Nachrichtendienste und handeln auf Plattformen, die schnelle Orderausführung ermöglichen. Es ist auch wichtig, ein gutes Risikomanagement zu praktizieren, da die hohe Volatilität, die mit dem News Trading verbunden ist, sowohl Chancen als auch Risiken birgt.

28.2 Verstehen, Wie Verschiedene Nachrichten Die Märkte Beeinflussen

Jede Nachricht hat das Potenzial, die Märkte auf unterschiedliche Weise zu beeinflussen, abhängig von ihrer Natur, ihrem Einflussbereich und ihrer Bedeutung. Daher ist das grundlegende Verständnis der Wirkungszusammenhänge zwischen den Nachrichten und den Finanzmärkten eine unabdingbare Kompetenz für jeden erfolgreichen News Trader.

Zum besseren Verständnis teilen wir die Arten von Nachrichten, die die Märkte beeinflussen können, in zwei Hauptkategorien: Makro- und Mikronachrichten.

Makronachrichten umfassen Ereignisse und Veröffentlichungen, die sich auf die gesamtwirtschaftliche Situation auswirken. Dazu gehören beispielsweise Änderungen der Geldpolitik durch Zentralbanken, Beschäftigungs- und Inflationsdaten, politische Entscheidungen und Ereignisse sowie geopolitische Entwicklungen. Diese Nachrichten können breite Marktbewegungen hervorrufen und bieten Day Tradern Möglichkeiten, sowohl im Aktien- als auch im Forex-, Futures- und Rohstoffhandel.

Mikronachrichten hingegen beziehen sich auf Unternehmensereignisse und Veröffentlichungen, die spezifisch ein oder mehrere Unternehmen betreffen. Dazu gehören Quartalsberichte, Fusionen und Übernahmen, Produkteinführungen, Änderungen in der Unternehmensführung und andere unternehmensspezifische Nachrichten. Solche Nachrichten können die Kursbewegung der betreffenden Unternehmensaktien stark beeinflussen, und die Fähigkeit, diese Bewegungen vorherzusehen und auf sie zu reagieren, kann sich für Day Trader als sehr lukrativ erweisen.

Jede Nachrichtenart hat ihre eigenen Herausforderungen und Anforderungen hinsichtlich Informationsbeschaffung, Analyse und Handelsausführung. Es ist daher wichtig, ein gründliches Verständnis der verschiedenen Arten von Nachrichten und ihrer potenziellen Auswirkungen auf die Märkte zu haben.

Man muss immer im Hinterkopf haben, dass nicht alle Nachrichten die Märkte in gleicher Weise beeinflussen. Eine unerwartete Zinsänderung durch die Zentralbank kann beispielsweise eine größere Marktbewegung auslösen als eine erwartete Zinsentscheidung. Ebenso kann ein unerwartetes Quartalsergebnis eines Unternehmens eine größere Aktienpreisbewegung auslösen als ein erwartetes Ergebnis. Daher ist das Verständnis der Markterwartungen ebenso wichtig wie das Verständnis der tatsächlichen Nachrichten.

Zusammenfassend kann man sagen, dass das Verständnis, wie verschiedene Nachrichten die Märkte beeinflussen, den Day Tradern hilft, die Auswirkungen dieser Nachrichten auf ihre Handelsentscheidungen vorherzusehen und zu nutzen. Es ermöglicht ihnen, bessere Handelsstrategien zu entwickeln und ihre Risiken effektiver zu managen.

28.3 Risiken Und Möglichkeiten Des News Tradings

News Trading, das auf bedeutenden Neuigkeiten basiert, kann ein effektives Werkzeug für Day-Trader sein, um Gewinne zu erzielen. Es ist jedoch unerlässlich, die damit verbundenen Risiken und Möglichkeiten zu verstehen, um eine fundierte Handelsentscheidung zu treffen.

Das erste Risiko, das erwähnt werden muss, ist die Volatilität. Nachrichten, insbesondere solche von hoher Bedeutung, können starke Schwankungen in den Preisen von Finanzinstrumenten auslösen. Ein Day-Trader muss bereit sein, mit diesen rapiden Preisbewegungen umzugehen, die sowohl Chancen als auch Risiken mit sich bringen. Ein gründliches Verständnis der Volatilität und eine angemessene Risikomanagementstrategie sind daher entscheidend, um dieses Risiko zu mindern.

Zweitens kann die Unvorhersehbarkeit von Nachrichten eine Herausforderung darstellen. Während einige Nachrichten, wie geplante wirtschaftliche Bekanntmachungen, im Voraus bekannt sind, können andere Ereignisse unerwartet eintreten und die Märkte stark beeinflussen. Ein Day-Trader muss daher flexibel und in der Lage sein, schnell auf Veränderungen in den Marktbedingungen zu reagieren.

Drittens ist zu beachten, dass die Interpretation von Nachrichten subjektiv sein kann und von Trader zu Trader variieren kann. Was ein Trader als positive Nachricht ansieht, könnte von einem anderen als negativ betrachtet werden. Daher ist es essentiell, ein umfassendes Verständnis der Nachrichten und ihrer potenziellen Auswirkungen auf den Markt zu haben.

Trotz dieser Risiken bietet das News Trading auch erhebliche Möglichkeiten. Es ermöglicht es Tradern, aufgrund von Nachrichtenereignissen gezielt Positionen einzunehmen. Trader können sich auf spezifische Märkte oder Finanzinstrumente konzentrieren, die aufgrund einer bestimmten Nachricht voraussichtlich stark bewegen werden.

News Trading kann auch dazu beitragen, die Diversifikation in einer Trading-Strategie zu erhöhen. Es ermöglicht Tradern, über einen breiteren Bereich von Finanzinstrumenten und Märkten

zu handeln, was dazu beitragen kann, das Gesamtrisiko zu
mindern.

Insgesamt ist das News Trading eine anspruchsvolle Strategie,
die sowohl Risiken als auch Möglichkeiten mit sich bringt.
Ein erfolgreicher News-Trader muss ein tiefes Verständnis der
Märkte haben, flexibel sein, um auf unerwartete Ereignisse
zu reagieren, und robuste Risikomanagement-Praktiken
anwenden, um die mit dieser Strategie verbundenen Risiken zu
mindern.

HANDEL MIT VOLUMEN
UND LIQUIDITÄT

29.1 Bedeutung Von Volumen Und Liquidität Im Day Trading

Im Day Trading spielen Volumen und Liquidität eine entscheidende Rolle. Das Handelsvolumen bezeichnet die Anzahl der Aktien oder Kontrakte, die innerhalb eines bestimmten Zeitraums gehandelt wurden. Liquidität hingegen bezieht sich auf die Fähigkeit, eine Position schnell und mit minimaler Auswirkung auf den Preis zu öffnen oder zu schließen. Es ist eine direkte Funktion des Handelsvolumens und ein wesentlicher Aspekt der Marktstruktur.

Hohe Liquidität ist für Day Trader wünschenswert, da sie eine schnelle Ausführung von Orders zu wettbewerbsfähigen Preisen ermöglicht. Mit anderen Worten, in liquiden Märkten können Händler große Positionen ein- und aussteigen, ohne den Markt erheblich zu bewegen. In diesem Sinne ist das Liquiditätsniveau oft ein Hinweis auf die Marktqualität, wobei ein höheres Maß an Liquidität typischerweise einen effizienteren Markt darstellt.

Darüber hinaus hilft das Handelsvolumen dabei, die Stärke oder Schwäche eines bestehenden Trends zu beurteilen. In der Regel bestätigt ein zunehmendes Volumen einen bestehenden Markttrend, während abnehmendes Volumen darauf hinweisen kann, dass der Trend an Schwung verliert. In diesem Zusammenhang ist das Verständnis der Dynamik von Volumen und Liquidität von entscheidender Bedeutung, um fundierte Handelsentscheidungen zu treffen.

Man sollte jedoch bedenken, dass hohe Liquidität nicht immer hohe Rentabilität bedeutet. Auch wenn liquide Märkte viele Vorteile bieten, können sie auch sehr wettbewerbsfähig und volatil sein. Daher ist es wichtig, dass Day Trader ein robustes Risikomanagement einsetzen und ständig den Markt überwachen, um Chancen zu identifizieren und Risiken zu minimieren.

Im Folgenden werden wir uns näher mit den spezifischen Methoden und Werkzeugen befassen, die Day Trader nutzen können, um Volumen- und Liquiditätsdaten in ihrer Handelspraxis effektiv einzusetzen. Wir werden uns auch mitb konkreten Fallstudien beschäftigen, um die Anwendung dieser Konzepte in realen Handelssituationen zu veranschaulichen.

29.2 Verwendung Von Volumenindikatoren Und Orderbuchdaten

Volumenindikatoren und Orderbuchdaten sind praktischhe Werkzeuge für jeden Day Trader. Sie liefern wichtige Informationen über die Marktdynamik und tragen dazu bei, die Stärke einer Kursbewegung einzuschätzen und mögliche Reversals zu identifizieren.

Volumenindikatoren wie das Volumen selbst, der On Balance Volume (OBV) oder der Chaikin Money Flow (CMF) messen die Menge der gehandelten Aktien oder Verträge und zeigen auf, ob Geld in ein Wertpapier fließt oder aus diesem abfließt. Sie helfen Tradern zu verstehen, ob eine Preisbewegung durch eine ausreichende Liquidität gestützt wird, was ihre Nachhaltigkeit und Zuverlässigkeit erhöht. Eine plötzliche Kursbewegung bei hohem Volumen kann beispielsweise ein starkes Signal für den Beginn eines neuen Trends sein.

Ein weiterer wichtiger Volumenindikator ist das Orderbuch. Das Orderbuch enthält alle ausstehenden Kauf- und Verkaufsorders für ein bestimmtes Wertpapier und zeigt deren Tiefe und Verteilung auf verschiedenen Preisniveaus. Es ermöglicht Händlern einen Einblick in das Angebot und die Nachfrage auf dem Markt und hilft ihnen, zu ermitteln, wo Unterstützungs- und Widerstandsniveaus liegen könnten.

Die Analyse von Orderbuchdaten kann komplex sein und erfordert ein hohes Maß an Erfahrung und Geschick. Trader müssen in der Lage sein, den Unterschied zwischen echten und sogenannten "Ghost" -Orders zu erkennen - dies sind Orders, die schnell hinzugefügt und dann wieder entfernt werden, um andere Marktteilnehmer zu täuschen. Darüber hinaus sollten Händler immer darauf achten, nicht zu stark auf Orderbuchdaten zu vertrauen, da diese schnell ändern können und nicht unbedingt die zukünftige Marktrichtung vorhersagen.

Abschließend lässt sich sagen, dass Volumenindikatoren und Orderbuchdaten ein integraler Bestandteil des Werkzeugkastens eines jeden Day Traders sind. Sie liefern wertvolle Informationen über die Marktdynamik und können dabei helfen, profitablere Handelsentscheidungen zu treffen. Es ist jedoch wichtig, dass sie nur in Verbindung mit anderen Analysetechniken verwendet und immer im Kontext der Gesamtmarktsituation betrachtet werden sollten.

29.3 Fallstudien Zur Anwendung Von Volumen- Und Liquiditätsdaten

In diesem Abschnitt werden wir Fallstudien betrachten, die die Anwendung dieser Konzepte in der Praxis beleuchten.

Erste Fallstudie: Ein Daytrader bemerkt ein ungewöhnlich hohes Volumen in einer bestimmten Aktie kurz nach Börsenöffnung. Dieses hohe Volumen ist ein Indiz für ein starkes Händlerinteresse an der Aktie. Der Daytrader entscheidet, die Situation genauer zu beobachten und stellt fest, dass das Volumen kontinuierlich zunimmt, während der Aktienkurs steigt. Dies ist ein positives Zeichen und der Trader entscheidet sich, zu kaufen. Im Laufe des Tages steigt der Aktienkurs weiter an, getrieben von dem hohen Handelsvolumen. Am Ende des Handelstages verkauft der Trader seine Position und sichert sich einen Gewinn.

Zweite Fallstudie: Eine Traderin bemerkt eine hohe Liquidität in einem Futures-Kontrakt. Die engen Spreads ermöglichen ihr, eine große Position einzugehen, ohne den Preis zu beeinflussen. Sie beobachtet den Preis des Futures und wartet auf einen geeigneten Zeitpunkt für einen Einstieg. Sobald sie einen möglichen Trend erkennt, kauft sie den Futures-Kontrakt. Da der Markt sehr liquide ist, ist sie in der Lage, eine große Position ohne nennenswerte Preisveränderung zu kaufen. Der Trend hält an und sie verkauft ihre Position später am Tag mit Gewinn.

In diesen Fallstudien konnten die Trader durch die Analyse von Volumen und Liquidität erfolgreiche Trades ausführen. Ein hohes Volumen kann oft einen starken Trend anzeigen, während eine hohe Liquidität den Handel großer Positionen ermöglicht, ohne den Markt zu sehr zu beeinflussen. Beide Faktoren spielen eine entscheidende Rolle bei der Informationsfindung und Entscheidungsfindung im Day Trading.

Diese Fallstudien dienen dazu, das Wissen zu vertiefen und die praktische Anwendung von Volumen und Liquidität im realen Handel zu veranschaulichen. Denken Sie daran, dass trotz sorgfältiger Analyse und Planung immer ein Risiko besteht, und ein bestimmter Ansatz nicht immer zu Gewinnen führen wird. Daher ist es wichtig, weitere Risikomanagement-Strategien anzuwenden, die in vorherigen Kapiteln diskutiert wurden.

Insgesamt zeigt die Betrachtung solcher Szenarien die Relevanz und den Nutzen von Volumen und Liquidität im Day Trading und kann dazu beitragen, Ihr Verständnis und Ihre Fähigkeiten in diesen Bereichen zu stärken. Im nächsten Kapitel werden wir uns mit dem Handel von Optionen beschäftigen, einem weiteren wichtigen Tool für Day Trader.

HANDEL MIT OPTIONEN

30.1 Grundlagen Des Optionshandels Für Day Trader

Optionen bieten Day-Tradern vielfältige Möglichkeiten, von der Volatilität der Märkte zu profitieren. Als Finanzderivate ermöglichen Optionen den Handel auf die künftige Preisbewegung von Basiswerten, wie Aktien, Indizes, Rohstoffe und Währungen, ohne dass ein tatsächlicher Besitz der Basiswerte erforderlich ist.

In den Grundlagen des Optionshandels lassen sich zwei Haupttypen von Optionen unterscheiden: Call-Optionen und Put-Optionen. Eine Call-Option gewährt dem Käufer das Recht, aber nicht die Pflicht, einen bestimmten Basiswert bis zu einem festgelegten Zeitpunkt in der Zukunft (Verfallstag) zu einem festgelegten Preis (Ausübungspreis) zu kaufen. Umgekehrt gewährt eine Put-Option dem Käufer das Recht, aber nicht die Pflicht, einen Basiswert bis zum Verfallstag zu einem festgelegten Preis zu verkaufen.

Jede Option ist durch vier Hauptparameter charakterisiert: den Basiswert, den Ausübungspreis, den Verfallstag und den Optionspreis. Der Optionspreis, auch bekannt als Optionsprämie, ist der Preis, den der Käufer der Option an den Verkäufer (auch Schreiber genannt) zahlt. Dieser Preis wird durch eine Reihe von Faktoren bestimmt, darunter der aktuelle Preis des Basiswerts, der Ausübungspreis, die verbleibende Zeit bis zum Verfall, die Volatilität des Basiswerts und der risikofreie Zinssatz.

Für Day Trader sind Optionen aus mehreren Gründen attraktiv. Erstens können sie dazu genutzt werden, auf steigende und fallende Marktbewegungen zu spekulieren. Zweitens erlauben sie es, bei relativ geringem Kapitaleinsatz hohe Gewinne zu erzielen. Drittens können sie dazu verwendet werden, bestehende Positionen abzusichern und so das Gesamtrisiko zu begrenzen.

Mann muss beachten, dass der Optionshandel wie eigentlich jeder Bereich des Day-Tradings mit grossen Risiken verbunden ist. Der Hauptnachteil ist, dass der Optionskäufer die gesamte investierte Prämie verlieren kann, wenn der Basiswert am Verfallstag nicht im positiven Bereich liegt. Zudem sind Optionen in der Regel weniger liquide als ihre zugrunde liegenden Basiswerte, was zu breiteren Spreads und geringeren Handelsvolumen führen kann.

Schließlich ist zu beachten, dass der Optionshandel ein hoheMan muss die Mechanismen und Risiken des Optionshandels verstehen, bevor man mit dem Handel beginnen kann. In den folgenden Abschnitten werden wir uns genauer mit verschiedenen Strategien für den Optionshandel und dem Risikomanagement beim Handel mit Optionen befassen.

30.2 Strategien Für Den Optionshandel

In diesem Kapitelabschnitt werden wir uns auf die gängigen Strategien konzentrieren, die Day Trader beim Optionshandel anwenden.

Zuallererst ist es wichtig, die zwei grundlegenden Arten von Optionen zu verstehen - Calls und Puts. Eine Call-Option gibt dem Inhaber das Recht, ein Wertpapier zu einem bestimmten Preis zu kaufen, während eine Put-Option dem Inhaber das Recht gibt, ein Wertpapier zu einem bestimmten Preis zu verkaufen. Der Preis, zu dem das Wertpapier gekauft oder verkauft werden kann, wird als Ausübungspreis bezeichnet, und das Datum, bis zu dem die Option ausgeübt werden kann, wird als Verfallsdatum bezeichnet.

Beginnen wir mit der ersten und einfachsten Strategie - dem Long Call. Ein Day Trader kauft eine Call-Option, wenn er erwartet, dass der Preis des zugrundeliegenden Wertpapiers steigen wird. Durch den Kauf einer Call-Option kann der

Händler von einem Anstieg des Aktienpreises profitieren, ohne die Aktie selbst besitzen zu müssen. Das Risiko ist auf den Preis der Option beschränkt, während das Gewinnpotenzial unbegrenzt ist, wenn der Aktienpreis steigt.

Eine weitere gängige Strategie ist der Long Put. Ein Day Trader kauft eine Put-Option, wenn er erwartet, dass der Preis des zugrundeliegenden Wertpapiers sinken wird. Der Trader kann von einem Preisverfall profitieren, ohne das Wertpapier verkaufen zu müssen. Wie beim Long Call ist das Risiko auf den Preis der Option beschränkt, während das Gewinnpotenzial steigt, wenn der Aktienpreis fällt.

Die nächste Strategie ist die Short Put-Strategie. Hier verkauft der Händler eine Put-Option, wenn er glaubt, dass der Preis des Wertpapiers steigen oder zumindest gleich bleiben wird. Dieser Ansatz kann genutzt werden, um Einkommen zu generieren, da der Händler die Prämie für den Verkauf der Option erhält. Allerdings birgt diese Strategie ein hohes Risiko, da der Händler potenziell dazu verpflichtet ist, das Wertpapier zu einem höheren Preis zu kaufen, wenn der Preis des Wertpapiers fällt.

Schließlich ist die vierte gängige Strategie der Short Call. Hier verkauft der Händler eine Call-Option, wenn er glaubt, dass der Preis des Wertpapiers fallen oder zumindest gleich bleiben wird. Auch hier erhält der Händler eine Prämie für den Verkauf der Option.

30.3 Risikomanagement Beim Optionshandel

Durch eine systematische Risikoanalyse und Kontrolle lässt sich die Wahrscheinlichkeit unerwünschter Ereignisse mindern und deren potenzielle Auswirkungen abschwächen. Eine umsichtige Handhabung von Risiken trägt dazu bei, das Verlustpotenzial zu begrenzen und die Rentabilität des Handels zu optimieren.

Optionen sind insofern einzigartig, weil sie asymmetrische Payoff-Strukturen aufweisen, was bedeutet, dass Gewinne und Verluste nicht proportional sind. Dies bietet die Möglichkeit, Risiken zu steuern, indem die exponierte Position entsprechend ausgerichtet wird. Es ist jedoch unerlässlich, die damit verbundenen Risiken vollständig zu verstehen und zu managen. Das erste Element des Risikomanagements im Optionshandel ist die Positionsgröße. Um das Risiko zu steuern, ist es wichtig, die Größe der Optionen-Position in Relation zum Gesamtportfolio zu betrachten. Es ist ratsam, nicht mehr als einen bestimmten Prozentsatz des Gesamtportfolios in eine einzelne Position zu investieren. Dabei hängt der genaue Prozentsatz von der individuellen Risikotoleranz und der Handelsstrategie ab.

Ein weiterer wichtiger Aspekt ist das Management von Verfallsterminen. Optionen sind zeitlich begrenzte Verträge, und der Wert einer Option kann mit der Zeit rapide abnehmen, ein Phänomen, das als "Zeitwertverfall" bekannt ist. Durch eine bewusste Auswahl der Verfallstermine können Händler das Risiko des Zeitwertverfalls steuern und potenziell profitieren.

Darüber hinaus ist die Verwendung von Stop-Loss- und Take-Profit-Orders eine weitere Methode zur Risikokontrolle im Optionshandel. Diese automatisierten Orderarten ermöglichen es Händlern, Verluste zu begrenzen und Gewinne zu sichern, indem sie den Markt im Voraus mit Anweisungen versehen, eine Position zu schließen, wenn bestimmte Preisniveaus erreicht werden.

Schließlich ist die Diversifikation ein weiterer grundlegender Bestandteil des Risikomanagements. Indem Händler ihre Investitionen auf verschiedene Optionen, Basiswerte oder Marktsegmente verteilen, können sie das Risiko reduzieren, dass ein einzelnes, ungünstiges Ereignis einen erheblichen Einfluss auf ihr gesamtes Portfolio hat.

Beim Handel mit Optionen geht es darum, das Risiko effektiv zu managen und gleichzeitig den Profit zu maximieren. Ein sorgfältiges und systematisches Risikomanagement trägt dazu bei, die langfristige Rentabilität zu verbessern und gleichzeitig die potenziellen Verluste zu begrenzen. Daher ist das Risikomanagement ein unverzichtbarer Bestandteil des erfolgreichen Optionshandels.

HANDEL MIT FUTURES UND FOREX

31.1 Grundlagen Des Futures- Und Forex-Handels Für Day Trader

Futures und Forex (Foreign Exchange) bilden zwei entscheidenden bestandteil des Finanzmarkts, die sich durch ihre einzigartigen Eigenschaften und Handelsdynamiken auszeichnen. Der Umgang mit diesen Instrumenten erfordert spezifisches Wissen und einen ausgeprägten Sinn für die Feinheiten des globalen Finanzökosystems.

Ein Future-Kontrakt ist eine rechtlich bindende Vereinbarung zum Kauf oder Verkauf eines bestimmten Vermögenswerts – etwa einer Ware, einer Währung oder eines Finanzinstruments – zu einem festgelegten Preis an einem bestimmten zukünftigen Datum. Futures-Kontrakte werden in standardisierten Mengen gehandelt und an geregelten Börsen ausgegeben, was ihnen ein hohes Maß an Transparenz und Liquidität verleiht.

Auf der anderen Seite repräsentiert der Forex-Markt den größten und liquidesten Markt weltweit, auf dem täglich Billionen von Dollar umgesetzt werden. Forex steht für den Austausch einer Währung gegen eine andere zu einem vereinbarten Wechselkurs. Dieser Markt ist rund um die Uhr geöffnet, und die Wechselkurse schwanken ständig aufgrund einer Vielzahl von Faktoren, einschließlich wirtschaftlicher Indikatoren, politischer Ereignisse und Marktsentiment.

Für Day Trader bieten sowohl Futures als auch Forex verschiedene attraktive Merkmale. Die hohe Liquidität und Verfügbarkeit von Leverage – die Möglichkeit, mit geliehenem Kapital zu handeln – können sowohl Gewinnpotenzial als auch Risiko erhöhen. Die Möglichkeit, Long- oder Short-Positionen einzunehmen, ermöglicht es Händlern, sowohl in aufsteigenden als auch in absteigenden Märkten zu profitieren. Und schließlich erlauben diese Märkte den Handel außerhalb traditioneller Marktstunden, was zusätzliche Flexibilität bietet.

Doch diese Vorteile gehen Hand in Hand mit erheblichen Risiken. Die hohe ebenfalls zu erheblichen Verlusten führen. Die Nutzung von Leverage kann Verluste wie Gewinne verstärken, und die Möglichkeit, Geld zu verlieren, kann die ursprüngliche Investition schnell übersteigen. Darüber hinaus erfordern beide Märkte ein tiefgreifendes Verständnis von technischer und fundamentaler Analyse, um fundierte Handelsentscheidungen treffen zu können.

Die erfolgreiche Navigation in diesen komplexen, aber lukrativen Märkten erfordert daher eine solide Ausbildung, eine effektive Strategie und ein diszipliniertes Risikomanagement. In den nächsten Abschnitten dieses Kapitels werden wir spezifische Strategien für den Futures- und Forex-Handel sowie effektive Risikomanagement-Techniken für diese Märkte erörtern.

31.2 Strategien Für Den Futures- Und Forex-Handel

Die Strategien, die beim Handel mit Futures und Forex angewendet werden, variieren je nach den spezifischen Zielen, der Risikobereitschaft und den Marktbedingungen des Traders. Die folgenden Strategien stellen einen Einstiegspunkt dar und dienen dazu, das Spektrum der verfügbaren Ansätze aufzuzeigen.

Trendfolge: Die Trendfolge ist eine der am weitesten verbreiteten Strategien im Futures- und Forex-Handel. Sie basiert auf der Annahme, dass finanzielle Märkte Tendenzen aufweisen, die sich über verschiedene Zeiträume erstrecken können. Day Trader, die diese Strategie anwenden, suchen nach erkennbaren Aufwärts- oder Abwärtstrends in den Kursen und versuchen, diese auszunutzen. Sie kaufen in einem Aufwärtstrend und verkaufen in einem Abwärtstrend, mit der Erwartung, dass sich der Trend fortsetzt.

Range Trading: Im Gegensatz zur Trendfolge geht Range Trading davon aus, dass Preise oft innerhalb einer bestimmten Spanne (Range) schwanken. Trader, die diese Strategie anwenden, kaufen am unteren Ende der Spanne und verkaufen am oberen Ende. Dies erfordert eine sorgfältige Überwachung der Märkte und ein tiefes Verständnis für die Faktoren, die zur Bildung von Preisbereichen beitragen.

Breakout-Strategie: Breakouts treten auf, wenn der Preis eines Futures- oder Forex-Kontrakts aus einer festgelegten Range ausbricht und sich entweder nach oben oder unten bewegt. Breakout-Strategien zielen darauf ab, diese Bewegungen zu identifizieren und frühzeitig einzusteigen, in der Hoffnung, von der anschließenden Kursbewegung zu profitieren.

Carry Trade: Im Forex-Markt ist der Carry Trade eine Strategie, bei der ein Trader eine Währung mit niedrigem Zinssatz verkauft und eine Währung mit hohem Zinssatz kauft, um die Zinsdifferenz oder den "Carry" zu verdienen.

Wichtig hierbei ist, dass diese Strategien ein erhebliches Risiko beinhalten und eine gründliche Analyse und ein solides Risikomanagement erfordern. In vielen Fällen können sie auch mit anderen Strategien kombiniert werden, um diversifizierte Handelsansätze zu entwickeln. Es ist wichtig, sich daran zu erinnern, dass es keine "einheitsgröße" für Handelsstrategien gibt - der Erfolg hängt letztlich von der Fähigkeit des Traders ab, eine Strategie auszuwählen und umzusetzen, die am besten zu seiner Risikotoleranz und seinen spezifischen Zielen passt.

HANDEL MIT KRYPTOWÄHRUNGEN

32.1 Einführung In Den Handel Mit Kryptowährungen

Das Phänomen Kryptowährungen und Blockchain hat die Welt im Sturm erobert und bietet Day Tradern eine einzigartige Gelegenheit. Der Kryptowährungsmarkt ist für seine hohe Volatilität bekannt, die sowohl Risiken als auch erhebliche Gewinnmöglichkeiten birgt.

Kryptowährungen, auch digitale oder virtuelle Währungen genannt, sind dezentralisierte, digitale Geldformen, die auf Blockchain-Technologie basieren. Sie funktionieren ohne zentrale Autorität oder Regulierungsbehörde, was bedeutet, dass sie nicht durch eine Regierung oder eine Finanzinstitution kontrolliert werden. Die bekannteste Kryptowährung ist Bitcoin, die 2009 von einer unbekannten Person oder Gruppe von Personen unter dem Pseudonym Satoshi Nakamoto eingeführt wurde. Seitdem wurden tausende weiterer Kryptowährungen - oftmals als Altcoins bezeichnet - eingeführt, darunter Ethereum, Ripple und Litecoin, um nur einige zu nennen.

Die Blockchain-Technologie, auf der Kryptowährungen basieren, ist ein dezentralisiertes, digitales Buchhaltungssystem, das Transaktionen in sogenannten Blöcken aufzeichnet. Diese Blöcke sind miteinander verbunden und gesichert, was eine manipulationssichere Aufzeichnung aller Transaktionen ermöglicht.

Day Trading mit Kryptowährungen kann auf verschiedenen Plattformen durchgeführt werden, einschließlich spezialisierter Krypto-Börsen, Forex-Plattformen, die Krypto-Paare anbieten, und Direkthandelsplattformen. Es ist wichtig, eine Plattform zu wählen, die eine sichere, stabile und benutzerfreundliche Handelsumgebung bietet.

In Bezug auf die Handelsstrategien ähnelt das Day Trading von Kryptowährungen dem von traditionellen Finanzinstrumenten. Trader nutzen technische Analyse, Chartmuster, technische Indikatoren und andere Strategien, um Markttrends zu identifizieren und ihre Trades zu platzieren. Gleichzeitig muss jedoch auch das einzigartige Marktverhalten von Kryptowährungen berücksichtigt werden.

Im Gegensatz zu traditionellen Märkten, die während der normalen Geschäftszeiten öffnen und schließen, ist der Kryptomarkt 24/7 geöffnet. Dies bedeutet, dass sich Markttrends zu jeder Tages- und Nachtzeit ändern können, was sowohl Chancen als auch Risiken für Trader birgt.

Abschließend ist zu bemerken, dass der Handel mit Kryptowährungen erhebliche Risiken birgt. Neben der hohen Volatilität des Marktes gibt es auch Sicherheitsbedenken, regulatorische Risiken und das Risiko von plötzlichen Marktmanipulationen. Daher ist es entscheidend, dass Day Trader, die in den Kryptowährungsmarkt eintreten, eine gründliche Due Diligence durchführen und ein angemessenes Risikomanagement betreiben.

32.2 Besonderheiten Und Risiken Des Krypto-Day-Tradings

Im Zuge der Entstehung von Kryptowährungen haben sich neue, spezifische Handelsmuster und -mechanismen entwickelt. Für Day Trader, die sich auf diesen volatilen Markt wagen wollen, eröffnen sich sowohl potenzielle Chancen als auch neue Risiken. Diese Besonderheiten und Risiken sind es, die den Kryptowährungsmarkt von anderen Finanzmärkten unterscheiden.

Anders als traditionelle Börsen, die zu festgelegten Zeiten öffnen und schließen, sind Kryptowährungsbörsen 24 Stunden am Tag, 7 Tage die Woche aktiv. Das bedeutet, dass Marktbewegungen und Handelsmöglichkeiten jederzeit auftreten können. Diese zeitliche Flexibilität erfordert von Day Tradern eine erhöhte Wachsamkeit, kann aber auch Chancen für Gewinne zu ungewöhnlichen Handelszeiten bieten.

Eine weitere Besonderheit des Krypto-Day-Tradings ist die hohe Volatilität. Kryptowährungen unterliegen oft extremen Preisschwankungen. Diese Volatilität kann kurzfristige Handelsmöglichkeiten bieten, birgt aber auch das Risiko von plötzlichen und erheblichen Verlusten. Eine erfolgreiche Strategie in einem so volatilen Umfeld erfordert eine ausgeprägte Marktkenntnis und eine hohe Risikotoleranz.

Neben diesen Besonderheiten ist der Kryptowährungsmarkt auch mit spezifischen Risiken verbunden. Dazu gehört insbesondere das Risiko von Hackerangriffen. Im Gegensatz zu traditionellen Finanzinstitutionen, die oft durch Regierungsgarantien abgesichert sind, sind Kryptowährungsbörsen weitgehend unreguliert und damit potenziellen Angriffen ausgesetzt. Day Trader müssen daher zusätzliche Sicherheitsvorkehrungen treffen und sich der möglichen Risiken bewusst sein.

Ein weiteres Risiko ist die mangelnde Liquidität einiger Kryptowährungen. Während die großen Kryptowährungen wie Bitcoin und Ethereum in der Regel hohe Liquidität aufweisen, kann dies bei kleineren, weniger bekannten Kryptowährungen ein Problem sein. In illiquiden Märkten kann es schwierig sein, eine Position zu einem günstigen Preis zu schließen, was das Risiko für Day Trader erhöht.

Zusammenfassend lässt sich sagen, dass das Krypto-Day-Trading sowohl grosse Chancen als auch Risiken bietet. Day Trader, die diesen Markt für sich erobern möchten, müssen bereit sein, sich diesen Herausforderungen zu stellen und ihre Strategien entsprechend anzupassen. In der folgenden Untergliederung werden ich praktische Beispiele und Fallstudien aus dem Kryptowährungsmarkt präsentieren, um diese Konzepte zu verdeutlichen und Day Tradern konkrete Werkzeuge und Techniken für den erfolgreichen Handel mit Kryptowährungen an die Hand zu geben.

32.3 Fallstudien Und Beispiele Aus Dem

Kryptowährungsmarkt

Der Kryptowährungsmarkt, trotz seiner vergleichsweise jungen Existenz, ist ein reichhaltiger Boden für Beispiele und Fallstudien, die sowohl das enorme Potenzial als auch die einzigartigen Herausforderungen des Krypto-Day-Tradings veranschaulichen. Es ist eine Welt, die von Volatilität, Technologie und teilweise von schierem Glück geprägt ist.

Die erste Fallstudie bezieht sich auf die sagenhafte Preissteigerung von Bitcoin im Jahr 2017. Ein Day Trader, der zu Beginn des Jahres in Bitcoin investierte, hätte den Wert seiner Investition bis Dezember auf das Zwanzigfache steigen sehen. Die intensive Volatilität, die den Kryptomarkt auszeichnet, ermöglichte beachtliche Tagesgewinne. Doch es war ein zweischneidiges Schwert, denn die gleiche Volatilität führte auch zu einem drastischen Preissturz von fast 80% im darauffolgenden Jahr. Dies unterstreicht die Wichtigkeit eines robusten Risikomanagementsystems und einer sorgfältigen Marktanalyse im Krypto-Day-Trading.

Ein weiteres Beispiel ist das Aufkommen von DeFi (Decentralized Finance) Projekten, die einen völlig neuen Ansatz für Finanztransaktionen darstellen. Ein beliebtes DeFi-Projekt ist Uniswap, eine dezentrale Börse, die es den Benutzern ermöglicht, direkt miteinander zu handeln, anstatt über eine zentrale Börse. Ein Day Trader, der die Funktionsweise und Potenziale von Uniswap frühzeitig verstanden hatte, konnte die Gelegenheit nutzen, um frühzeitig in UNI, den hauseigenen Token von Uniswap, zu investieren und von dessen Wertzuwachs zu profitieren. Solche Beispiele betonen die Wichtigkeit der fortlaufenden Aus- und Weiterbildung, insbesondere in einem sich so schnell entwickelnden Bereich wie dem Krypto-Markt.

Ein letztes Beispiel ist der Fall des Flash Crash von Ethereum im Jahr 2017 auf der GDAX-Börse (jetzt Coinbase Pro). Innerhalb von Sekunden fiel der Preis von Ethereum von über 300$ auf 0,10$, bevor er sich erholte. Einige Day Trader, die Stop-Loss-

Orders eingesetzt hatten, um sich vor Verlusten zu schützen, wurden unfreiwillig aus ihren Positionen ausgestoppt. Dieses Ereignis veranschaulicht die Risiken der Verwendung von automatisierten Order-Typen in extrem volatilen Märkten.

Zusammenfassend zeigt der Kryptowährungsmarkt eine beeindruckende Bandbreite an Handelsmöglichkeiten und Risiken. Ein effektiver Krypto-Day-Trader muss in der Lage sein, sowohl die technischen als auch die fundamentalen Aspekte des Kryptomarktes zu verstehen, eine solide Strategie zu entwickeln und ein diszipliniertes Risikomanagement anzuwenden, um erfolgreich zu sein.

FORTGESCHRITTENE RISIKOMANAGEMENT-TECHNIKEN

33.1 Nutzung Von Hedge-Positionen Und Anderen Fortgeschrittenen Techniken

Risikomanagement ist wie sie bereits kennengelernt haben ein essenzieller Bestandteil jeder soliden Day-Trading-Strategie. Es ist jedoch nicht nur darauf beschränkt, den Verlust eines einzelnen Trades zu begrenzen. In diesem Kapitel werden wir den Fokus erweitern und uns mit fortgeschrittenen Risikomanagement-Techniken auseinandersetzen, die darauf abzielen, das Gesamtrisiko eines Portfolios zu steuern und zu begrenzen.

Eine dieser Techniken ist das Hedging oder Absicherung, eine Methode, die darauf abzielt, potenzielle Verluste durch das Eingehen von Gegenpositionen zu kompensieren. Bei korrekter Anwendung kann das Hedging dazu beitragen, das Gesamtrisiko des Portfolios zu reduzieren und potenzielle Verluste zu minimieren, wenn der Markt gegen Ihre ursprüngliche Position geht.

Hedging kann auf verschiedene Weisen erfolgen, z.B. durch den Einsatz von Derivaten wie Optionen und Futures oder durch den Handel mit korrelierten Instrumenten. In jedem Fall erfordert die effektive Anwendung von Hedging-Strategien ein tiefes Verständnis der Marktmechanismen und eine sorgfältige Überwachung der Marktbewegungen.

Zum Beispiel könnte ein Trader, der eine Long-Position in einer bestimmten Aktie hält, eine Put-Option für dieselbe Aktie kaufen, um sich gegen potenzielle Kursverluste abzusichern. Falls der Aktienkurs fällt, würde der Verlust aus der Long-Position durch den Gewinn aus der Put-Option ausgeglichen werden.

Eine andere fortgeschrittene Risikomanagement-Technik ist das sogenannte Diversifizieren. Dies beinhaltet das Halten von mehreren unterschiedlichen Vermögenswerten in einem Portfolio, um das Risiko zu verteilen. Obwohl dies im Allgemeinen als eine Strategie für langfristige Anleger gesehen wird, kann es auch von Day-Tradern genutzt werden, um ihre Exposition gegenüber Marktvolatilität und spezifischen Branchenrisiken zu reduzieren.

Es ist wichtig, dass sowohl Hedging als auch Diversifizierung nicht dazu dienen, Gewinne zu maximieren, sondern vielmehr dazu, Verluste zu minimieren. Sie können dazu beitragen, die Beständigkeit der Renditen zu erhöhen und das Drawdown-Risiko zu verringern.

In den folgenden Unterkapiteln werden wir diese und andere fortgeschrittene Risikomanagement-Techniken genauer untersuchen, einschließlich ihrer Anwendung in verschiedenen Marktszenarien. Ziel ist es, Ihnen die Werkzeuge und Kenntnisse zur Verfügung zu stellen, die Sie benötigen, um Ihr Risikomanagement auf ein höheres Niveau zu heben und Ihre Trading-Ergebnisse zu verbessern.

33.2 Portfolio-Management-Strategien Für Day Trader

Effektives Portfolio-Management ist im Day Trading unerlässlich. Es ermöglicht Tradern, die Risiken zu steuern und gleichzeitig die Chancen auf Profit zu maximieren. Durch eine Kombination von sorgfältiger Aktienauswahl, diversifizierter Vermögensallokation und regelmäßiger Portfolioüberprüfung können Day Trader die Wahrscheinlichkeit eines rentablen Handels erhöhen und gleichzeitig das Risiko eines erheblichen Verlusts minimieren.

Bei der Aktienauswahl für ihr Portfolio sollten Day Trader verschiedene Faktoren berücksichtigen, darunter die Qualität des Unternehmens, die Wirtschaftlichkeit des Sektors und die aktuellen Marktbedingungen. Dabei ist es essentiell, eine gute Balance zwischen risikoreichen und sicheren Investitionen zu finden, um eine optimale Rendite zu erzielen.

Ein weiterer entscheidender Aspekt des Portfolio-Managements ist die Diversifikation. Eine diversifizierte Vermögensaufteilung hilft, das Risiko zu minimieren, indem sie sicherstellt, dass nicht alle Investitionen eines Traders auf dieselbe Weise auf Marktschwankungen reagieren. Day Trader sollten versuchen, ihr Portfolio auf eine Vielzahl von Sektoren, geografischen Standorten und Vermögensklassen zu verteilen, um sich vor Risiken zu schützen.

Doch auch die beste Diversifikationsstrategie kann das Risiko nicht vollständig eliminieren. Daher ist es für Day Trader unerlässlich, ihre Portfolios regelmäßig zu überprüfen und anzupassen. Marktkonditionen ändern sich ständig und die Leistung der einzelnen Aktien kann variieren. Durch die regelmäßige Analyse ihrer Portfolios und die Anpassung an veränderte Bedingungen können Day Trader sicherstellen, dass ihre Investitionen weiterhin ihren Zielen entsprechen.

Abschließend sei gesagt, dass das Portfolio-Management nicht nur eine einmalige Aktivität ist, sondern ein kontinuierlicher Prozess, der Disziplin, strategische Planung und eine gründliche Kenntnis der Finanzmärkte erfordert. Indem sie diese Prinzipien befolgen, können Day Trader ihre Chancen auf einen erfolgreichen Handel maximieren und ihre Verluste auf ein Minimum beschränken.

Im nächsten Abschnitt werden wir uns darauf konzentrieren, wie Day Trader ihr Risikomanagement an unterschiedliche Marktszenarien anpassen können. Denn letztendlich ist das Risikomanagement kein starres Konzept, sondern muss flexibel genug sein, um auf sich ständig verändernde Marktbedingungen zu reagieren.

33.3 Anpassung Des Risikomanagements An Unterschiedliche Marktszenarien

In den vorherigen Abschnitten haben wir uns intensiv mit der Bedeutung des Risikomanagements für den Day-Trading-

Erfolg und diversen Techniken zur Minimierung und Kontrolle von Risiken beschäftigt. In diesem Abschnitt konzentrieren wir uns darauf, wie man diese Techniken an die Dynamik der Finanzmärkte anpasst.

Kein Markt ist statisch. Die Finanzmärkte sind ständigen Veränderungen unterworfen, bedingt durch makroökonomische Daten, politische Ereignisse, Marktstimmungen, Unternehmensnachrichten und viele andere Faktoren. Diese Dynamik erfordert ein flexibles und anpassungsfähiges Risikomanagement.

Erstens ist es entscheidend, die Volatilität des Marktes zu verstehen. In Zeiten hoher Volatilität, wie sie oft durch unsichere geopolitische Ereignisse oder wichtige Finanznachrichten ausgelöst wird, können Preisbewegungen sowohl plötzlich als auch stark ausfallen. In solchen Szenarien kann es ratsam sein, den Umfang Ihrer Positionen zu verringern, Stop-Loss-Aufträge enger zu setzen oder auf bestimmte volatile Instrumente zu verzichten, um das Gesamtrisiko zu reduzieren.

In Zeiten geringer Volatilität hingegen, wenn die Preisbewegungen eher klein und weniger heftig sind, könnte eine Erhöhung des Positionsgrößen das potenzielle Rendite-Risiko-Verhältnis verbessern. Allerdings ist hier zu beachten, dass selbst in ruhigen Marktphasen immer das Risiko plötzlicher Bewegungen besteht. Daher sollte man immer ein Auge auf mögliche Risikofaktoren zu haben und den Stop-Loss entsprechend anzupassen.

Zweitens müssen Day-Trader auf unterschiedliche Marktbedingungen eingestellt sein. In einem Bullenmarkt, wenn die Preise steigen, könnte es vorteilhaft sein, eine langfristige Strategie zu verfolgen, also Positionen zu eröffnen, die von weiter steigenden Preisen profitieren. In einem Bärenmarkt hingegen, wenn die Preise fallen, könnten kurzfristige oder konträre Strategien besser geeignet sein.

Drittens ist es wichtig, die Korrelation zwischen verschiedenen Vermögenswerten im Auge zu behalten. Wenn Ihre Positionen stark miteinander korreliert sind, können Sie im Falle einer Marktbewegung gegen Sie mehrere Verlustpositionen haben. In diesem Fall kann eine Diversifikation über verschiedene Vermögenswerte und Sektoren das Risiko verringern.

Zusammenfassend lässt sich sagen, dass die Flexibilität in der Anpassung des Risikomanagements an verschiedene Marktbedingungen und -szenarien ein Schlüsselelement für den Erfolg im Day Trading ist. Das Ziel sollte immer sein, das Risiko zu kontrollieren und zu minimieren, unabhängig davon, wie sich der Markt verhält. Eine gründliche Kenntnis der Märkte, eine ständige Überwachung der Marktbedingungen und die Anwendung passender Risikomanagement-Techniken sind hierbei unerlässlich.

FORTGESCHRITTENE TRADING-PLATTFORMEN UND TOOLS

34.1 Übersicht Über Fortgeschrittene Handelsplattformen Und Software

Der fortlaufende technologische Fortschritt hat das Spektrum der verfügbaren Tools und Plattformen für das Day Trading erweitert. Fortgeschrittene Trading-Plattformen bieten nicht nur Zugang zu Finanzmärkten weltweit, sondern auch eine Fülle von Analyse-Tools, Algorithmen und automatisierten Handelssystemen. Um jedoch das volle Potenzial dieser Plattformen zu nutzen, ist es von entscheidender Bedeutung, die Funktionen und Möglichkeiten jeder Plattform zu verstehen und diejenige auszuwählen, die den individuellen Bedürfnissen und Zielen eines Traders am besten entspricht.

Zu den bekanntesten und am weitesten verbreiteten fortgeschrittenen Handelsplattformen gehören MetaTrader 4 und 5, NinjaTrader, cTrader und TradeStation. Sie bieten alle eine Vielzahl von Funktionen, darunter erweiterte Charting-Tools, technische Indikatoren, automatisierte Strategien und die Möglichkeit, eigene Indikatoren und Skripte zu erstellen.

MetaTrader, entwickelt von der Firma MetaQuotes, ist besonders bekannt für den Forex-Handel, bietet aber auch Zugang zu anderen Märkten, darunter Rohstoffe, Indizes und Kryptowährungen. MetaTrader 5 ist eine neuere und technisch fortschrittlichere Version, bietet aber immer noch die Benutzerfreundlichkeit und Vielseitigkeit, die die Plattform so populär gemacht hat.

NinjaTrader ist eine Plattform, die für ihre erweiterten Analyse-Tools und die Möglichkeit, maßgeschneiderte Handelsstrategien zu entwickeln, bekannt ist. Darüber hinaus bietet NinjaTrader eine Vielzahl von Erweiterungen und Add-

Ons, die von Drittanbietern entwickelt wurden, was die Flexibilität und Anpassungsfähigkeit der Plattform weiter erhöht.

cTrader ist eine Plattform, die sich auf Transparenz und Geschwindigkeit konzentriert und für ihr klares und intuitives Design bekannt ist. Sie ist besonders bei STP- und ECN-Brokern beliebt und bietet ein hohes Maß an Preis- und Auftragsausführungstransparenz.

TradeStation ist eine weitere fortgeschrittene Handelsplattform, die sich durch ihre breite Palette an analytischen Tools, darunter ein umfangreiches Backtesting-System, auszeichnet. Zudem bietet sie Zugang zu einer Vielzahl von Märkten, darunter Aktien, Futures, Optionen und Kryptowährungen.

Jede dieser Plattformen hat ihre eigenen Stärken und Schwächen und richtet sich an verschiedene Arten von Tradern. Die Wahl der richtigen Plattform hängt von vielen Faktoren ab, darunter die Präferenzen des Traders, seine Strategie, sein Erfahrungsstand und die Märkte, auf denen er handeln möchte. Daher muss man stück für stück, die verfügbaren Optionen zu erkunden und eine Plattform auszuwählen, die den individuellen Anforderungen am besten gerecht wird. In den folgenden Abschnitten werden wir uns eingehender mit den fortgeschrittenen Funktionen und Tools dieser Plattformen befassen.

34.2 Verwendung Von Algorithmen Und Automatisierten Handelssystemen

Die Verwendung von Algorithmen und automatisierten Handelssystemen stellt einen wesentlichen Fortschritt in der Welt des Day Tradings dar. Dieser Abschnitt bietet eine Einführung in diese fortschrittlichen Tools und zeigt, wie sie dazu verwendet werden können, den Handel effizienter zu gestalten und die Rentabilität zu verbessern.

Die algorithmische Handelsstrategie basiert auf

vorprogrammierten Anweisungen zur Durchführung von Transaktionen. Diese Anweisungen können eine Vielzahl von Variablen beinhalten, wie zum Beispiel Preis, Zeitpunkt und Volumen. Sie ermöglichen es Händlern, Trades schnell und präzise auszuführen und bieten die Möglichkeit, mehrere Märkte und Instrumente gleichzeitig zu überwachen.

Ein weiterer Vorteil des algorithmischen Handels besteht darin, dass er die Emotionen aus dem Handelsprozess eliminiert. Da der Handel automatisch ausgeführt wird, reduziert dies das Risiko von Fehlern, die durch menschliche Emotionen wie Angst oder Gier verursacht werden könnten. Diese präzise und disziplinierte Herangehensweise kann zu einer verbesserten Performance und geringeren Drawdowns führen.

Automatisierte Handelssysteme, manchmal auch als Trading-Bots bezeichnet, erweitern die Möglichkeiten des algorithmischen Handels noch weiter. Diese Systeme können eine Vielzahl von Aufgaben erfüllen, darunter das Scannen von Märkten, das Durchführen von Trades und das Verwalten von Risiken. Sie sind rund um die Uhr im Einsatz und bieten daher die Möglichkeit, außerhalb der normalen Handelszeiten zu handeln und von Marktbewegungen zu profitieren, die andere Trader möglicherweise verpassen.

Es ist wichtig zu beachten, dass der Einsatz von Algorithmen und automatisierten Handelssystemen zwar viele Vorteile mit sich bringt, aber auch Risiken birgt. Zum Beispiel kann ein fehlerhafter Algorithmus zu fehlerhaften Trades führen. Darüber hinaus kann die Geschwindigkeit und das Volumen des algorithmischen Handels dazu führen, dass sich die Märkte schneller bewegen, was das Risiko von plötzlichen und extremen Marktbewegungen erhöhen kann.

Um diese Risiken zu mindern sollten Trader ihre Algorithmen und automatisierten Systeme gründlich testen, bevor sie sie live einsetzen. Darüber hinaus sollten Trader immer überwachungsmechanismen in ihre Systeme einbauen, um unerwartetes Verhalten oder ungewöhnliche Handelsaktivitäten schnell zu erkennen und darauf zu reagieren.

Zusammenfassend lässt sich sagen, dass Algorithmen und automatisierte Handelssysteme leistungsstarke Tools für den modernen Day-Trader sind. Sie ermöglichen eine effiziente Ausführung von Trades, verbessern die Fähigkeit, mehrere Märkte zu überwachen, und helfen, die Emotionen aus dem Handelsprozess zu eliminieren. Wie bei allen Handelstools ist es jedoch wichtig, diese Technologien verantwortungsvoll und mit einem Verständnis für die damit verbundenen Risiken zu verwenden.

34.3. Anpassung Und Optimierung Ihrer Trading-Tools

Im Kontext des fortgeschrittenen Tradings ist die Optimierung der verwendeten Tools von entscheidender Bedeutung. Durch die Optimierung und Anpassung Ihrer Tools können Sie ihre Effizienz maximieren, indem Sie sie an Ihre individuellen Bedürfnisse und Strategien anpassen. Diese Optimierung kann in vielerlei Hinsicht erfolgen.

Zunächst können Sie benutzerdefinierte Indikatoren und Handelssignale in Ihre Plattform integrieren. Viele fortschrittliche Trading-Plattformen ermöglichen es, spezielle Algorithmen zu programmieren, die auf spezifischen Handelsindikatoren basieren. Diese können benutzt werden, um bestimmte Marktsituationen zu identifizieren und automatisierte Handelssignale zu erzeugen. Mit einer individuell angepassten Umgebung können Sie somit die Marktentwicklungen effizienter verfolgen und auf sie reagieren.

Außerdem können Sie Ihre Handelsplattform so konfigurieren, dass sie mehrere Zeitrahmen und mehrere Märkte gleichzeitig anzeigen kann. Dies ermöglicht es Ihnen, eine umfassende Übersicht über den Markt zu haben und Trends oder Muster zu erkennen, die über mehrere Märkte oder Zeiträume hinweg auftreten können. Mit einer solchen Einrichtung können Sie Ihr Augenmerk nicht nur auf einen einzelnen Markt oder ein einzelnes Instrument richten, sondern die gesamte

Marktlandschaft überblicken und so Ihre Trading-Strategie optimieren.

Ein weiterer wichtiger pumkt der Anpassung und Optimierung Ihrer Trading-Tools ist die Implementierung von automatisierten Handelssystemen. Diese Systeme, oft auch als Trading-Bots bezeichnet, können Sie dabei unterstützen, Ihre Handelsstrategien umzusetzen, indem sie Trades basierend auf von Ihnen festgelegten Parametern automatisch ausführen. Sie können diese Systeme so einrichten, dass sie bestimmte Handelsstrategien zu bestimmten Zeiten automatisch umsetzen, was Ihnen wertvolle Zeit sparen und möglicherweise die Wahrscheinlichkeit von Fehlern reduzieren kann.

Die effektive Anpassung und Optimierung Ihrer Trading-Tools kann letztlich dazu beitragen, Ihre Trading-Effizienz zu verbessern und gleichzeitig das Risiko von Fehlern zu reduzieren. Indem Sie Ihre Tools an Ihre individuellen Bedürfnisse und Strategien anpassen, können Sie eine Handelsumgebung schaffen, die sowohl reaktionsschnell als auch robust ist. Durch die effiziente Nutzung fortschrittlicher Handelsplattformen und Tools können Sie letztendlich einen entscheidenden Vorteil in der dynamischen Welt des Day Tradings erzielen.

PERFORMANCE-TRACKING
UND -ANALYSE

35.1 Methoden Zur Nachverfolgung Und Analyse Ihrer Trading-Leistung

Die Performance-Überwachung und -Analyse im Day Trading ist unerlässlich, um Ihre Handelsstrategien zu bewerten und zu verbessern. Es ermöglicht eine fundierte Bewertung der Wirksamkeit Ihrer Handelsmethoden und die Identifizierung von Bereichen, die Anpassungen oder Verbesserungen erfordern.

Eine Methode zur Nachverfolgung Ihrer Trading-Performance besteht darin, ein Trading-Journal zu führen. Ein Trading-Journal dokumentiert systematisch alle Handelsaktivitäten, einschließlich Kauf- und Verkaufspreise, die gehandelten Finanzinstrumente, die Uhrzeit der Transaktion, die Gründe für den Handel und das Ergebnis des Handels. Es dient als wertvolles Werkzeug zur Selbstreflexion, da es die Analyse jedes Handels in Bezug auf seine Prämissen, die Umsetzung und die endgültigen Ergebnisse ermöglicht.

Es gibt auch verschiedene Software- und Plattformtools, die eine detaillierte Analyse Ihrer Handelsaktivitäten ermöglichen. Diese Tools können Handelsdaten in Echtzeit erfassen und detaillierte Berichte und Visualisierungen Ihrer Trading-Leistung liefern. Sie können auch fortgeschrittene Analysen wie Sharpe Ratio, Drawdown-Analyse, Performance-Volatilität und andere wichtige Metriken zur Beurteilung der Handelsleistung bereitstellen.

Eine andere Methode ist die Verwendung von Backtesting und Simulation. Backtesting ermöglicht es Ihnen, Ihre Handelsstrategie auf historische Daten anzuwenden, um zu sehen, wie sie in der Vergangenheit funktioniert hätte. Dies kann wertvolle Einblicke in die potenzielle Wirksamkeit und Robustheit Ihrer Strategie liefern. Simulationen ermöglichen es Ihnen, hypothetische Handelsstrategien in einem kontrollierten, risikofreien Umfeld zu testen und zu verfeinern. Unabhängig von der gewählten Methode sollte man einen disziplinierten Ansatz zur Nachverfolgung und Analyse der Trading-Performance zu verfolgen. Dies beinhaltet das kontinuierliche Überprüfen und Anpassen Ihrer Strategien und Methoden auf der Grundlage der erhaltenen Erkenntnisse. Nur so können Sie sicherstellen, dass Sie stets auf dem besten Weg sind, Ihre Trading-Ziele zu erreichen.

Im nächsten punkt werden wir näher auf die Verwendung von Analysetools und Trading-Journalen eingehen. Ich werde ihnen praktische Tipps und Hinweise gegeben, wie diese Werkzeuge effektiv eingesetzt werden können, um Ihre Trading-Leistung zu verbessern.

35.2 Verwendung Von Analysetools Und Trading-Journalen

Analysetools bieten wertvolle Einblicke in die Handelsleistung, indem sie eine detaillierte Aufzeichnung der getätigten Trades, der verwendeten Strategien, der dabei erzielten Gewinne und Verluste sowie anderer relevanter Kennzahlen liefern. Es gibt eine Reihe von leistungsstarken Softwareanwendungen auf dem Markt, die speziell entwickelt wurden, um Day-Trader bei der Analyse ihrer Leistung zu unterstützen. Diese Tools können auch verwendet werden, um den Einfluss externer Faktoren, wie z.B. Marktbedingungen oder geopolitische Ereignisse, auf die Handelsperformance zu untersuchen.

Die Daten, die durch solche Tools generiert werden, ermöglichen es Tradern, die Wirksamkeit ihrer Handelsstrategien objektiv zu beurteilen. Sie können helfen, bestimmte Muster zu identifizieren, wie z.B. die Tageszeit, an der die meisten erfolgreichen Trades gemacht werden, oder die Art von Vermögenswerten, die am profitabelsten sind. Durch die Verwendung dieser Informationen können Trader ihre

Strategien anpassen und optimieren, und somit ihre zukünftige Leistung verbessern.

Neben Analysetools ist das Führen eines Trading-Journals ein weiterer wichtiger Aspekt bei der Nachverfolgung und Analyse der Trading-Leistung. Ein Trading-Journal ist im Wesentlichen ein detailliertes Logbuch aller getätigten Trades, das zusätzliche Informationen wie das Datum und die Uhrzeit des Trades, die gehandelte Menge, den Ein- und Ausstiegspreis, die angewandte Strategie und die Gedanken und Gefühle des Traders zum Zeitpunkt des Trades enthält.

Im Gegensatz zu Analysetools, die eher auf quantitative Daten fokussieren, konzentriert sich ein Trading-Journal mehr auf qualitative Aspekte des Tradings. Es ermöglicht Tradern, ihre Gedanken und Gefühle zu dokumentieren und zu reflektieren, die oft eine wichtige Rolle bei der Entscheidungsfindung spielen. Indem sie ihre Entscheidungsprozesse und emotionalen Reaktionen während des Tradings analysieren, können Trader eine bessere Kontrolle über ihre Emotionen erlangen und ihre psychologische Stärke verbessern, die für den Erfolg im Day Trading essentiell ist.

Wie sie sehen sind sowohl Analysetools als auch Trading-Journale unverzichtbare Instrumente zur Leistungsüberwachung und -analyse im Day Trading sind. Sie ergänzen sich gegenseitig und bieten zusammen ein umfassendes Bild der Trading-Leistung, das sowohl quantitative als auch qualitative Aspekte berücksichtigt.

35.3 Interpretation Und Anwendung Von Leistungsdaten

Die Leistungsanalyse hilft ihnen dabei, die Effektivität Ihrer Strategien zu bewerten und Bereiche für Verbesserungen zu identifizieren. Es ist wichtig, Ihre Handelsgeschäfte und Leistungsdaten im Hinblick auf wichtige Kriterien wie Gewinnrate, durchschnittlicher Gewinn gegen durchschnittlichen Verlust, Gewinnfaktor und Drawdown zu überprüfen.

Ihre Gewinnrate gibt Ihnen eine direkte Einschätzung darüber, wie erfolgreich Sie sind. Es ist die Anzahl der gewinnbringenden Geschäfte geteilt durch die Gesamtzahl der Geschäfte. Ein hoher Wert ist dabei wünschenswert, allerdings muss dieser auch in Relation zum Verhältnis von durchschnittlichem Gewinn zu durchschnittlichem Verlust gesehen werden. Ein Trader mit einer niedrigeren Gewinnrate kann profitabler sein als ein Trader mit einer höheren Gewinnrate, wenn er seine Verluste klein hält und seine Gewinne maximiert.

Der Gewinnfaktor ist das Verhältnis des gesamten Gewinns aus den erfolgreichen Trades zum gesamten Verlust der nicht erfolgreichen Trades. Ein Wert über 1 deutet auf eine profitable Strategie hin, wobei höhere Werte eine effizientere Strategie anzeigen.

Der maximale Drawdown bezeichnet den größten Rückgang des Kapitals eines Traders von einem Hoch zu einem Tief, bevor ein neues Hoch erreicht wird. Dieser Wert ist wichtig, da er das Risiko einer bestimmten Handelsstrategie aufzeigt. Je kleiner der Drawdown, desto geringer das Risiko, dass Ihre Strategie zu einem erheblichen Verlust führt.

Nachdem Sie diese Schlüsselkennzahlen analysiert haben, können Sie gezielt Verbesserungen vornehmen. Wenn Ihre Gewinnrate niedrig ist, könnten Sie beispielsweise an Ihrer Marktanalyse oder Ihrem Risikomanagement arbeiten, um weniger Verluste zu machen. Wenn Ihr durchschnittlicher Gewinn gegenüber dem durchschnittlichen Verlust niedrig ist, könnten Sieversuchen, Ihre Gewinne laufen zu lassen und Ihre Verluste früher zu begrenzen.

Insgesamt dient die Interpretation und Anwendung von Leistungsdaten dazu, Ihnen ein klares Bild von Ihren Stärken und Schwächen als Day Trader zu vermitteln. Es ist der Schlüssel zur kontinuierlichen Verbesserung und letztlich zum Erfolg im Day Trading. Indem Sie Ihre Performance systematisch analysieren und auf Basis der gewonnenen Erkenntnisse handeln, erhöhen Sie Ihre Chancen, im oft unberechenbaren Umfeld der Finanzmärkte erfolgreich zu sein. In den folgenden

Kapiteln werden wir weitere fortgeschrittene Bestandteile des Tradings behandeln, die Ihnen dabei helfen können, Ihre Handelsfähigkeiten weiter zu optimieren.

TRADING UND INVESTIEREN

36.1 Integration Des Day Tradings In Eine Umfassendere Anlagestrategie

Day Trading ist, wie wir gesehen haben, ein aktiver und engagierter Ansatz zur Marktteilnahme. Dabei ist es entscheidend zu verstehen, dass es nicht als isolierter Prozess betrachtet werden sollte, sondern als Teil einer umfassenderen Anlagestrategie, die auf die individuellen Ziele, den Risikobereitschaftsgrad und die finanzielle Situation jedes einzelnen Traders zugeschnitten ist.

Ein ganzheitlicher Finanzplan berücksichtigt sowohl kurzfristige als auch langfristige Ziele und nutzt unterschiedliche Instrumente, um diese zu erreichen. Day Trading kann dabei als Instrument dienen, um kurzfristige Ziele zu erreichen und gleichzeitig einen Cashflow zu generieren, der wiederum in längerfristige Investitionen fließen kann. Das Kapital, das im Day Trading verdient wird, kann genutzt werden, um in andere Anlageklassen wie Aktien, Anleihen, Immobilien und sogar in Rentenversicherungen zu investieren. Dadurch wird ein ausgewogenes und diversifiziertes Portfolio geschaffen, das die Fähigkeit besitzt, verschiedenen Marktszenarien standzuhalten.

36.2 Gleichgewicht Zwischen Kurzfristigem Trading Und Langfristigen Investitionen

Ein wichtiger Bestandteil einer umfassenden Anlagestrategie ist die Ausgewogenheit zwischen kurzfristigem Trading und langfristigen Investitionen. Jede dieser beiden Methoden hat ihre individuellen Vorteile, und ihre gezielte Kombination kann dazu beitragen, das Risiko zu diversifizieren und eine stabile Rendite zu erzielen.

Day-Trading konzentriert sich in erster Linie auf kurzfristige Marktgelegenheiten, die innerhalb eines Tages entstehen und enden. Es erfordert ständige Marktbeobachtung, aktive Entscheidungsfindung und kann unter Umständen hohe Gewinne erzielen. Allerdings ist es auch mit erheblichen Risiken verbunden, einschließlich des Potenzials für große Verluste, insbesondere bei volatilen Marktschwankungen.

Langfristige Investitionen, auf der anderen Seite, betreffen die Haltung von Anlagen über einen längeren Zeitraum, oft Jahre oder sogar Jahrzehnte. Diese Anlagestrategie beruht auf der Erwartung, dass der Wert der Anlage mit der Zeit steigt. Langfristige Investitionen haben tendenziell weniger Risiko als Day-Trading, da sie weniger von kurzfristigen Marktschwankungen betroffen sind. Sie erfordern jedoch Geduld und Ausdauer, und die Renditen können lange auf sich warten lassen.

Das Gleichgewicht zwischen diesen beiden Ansätzen hängt von mehreren Faktoren ab, einschließlich Ihrer finanziellen Ziele, Ihrer Risikobereitschaft und Ihrem Anlagehorizont. Ein diversifiziertes Portfolio, das sowohl kurzfristige Trading-Positionen als auch langfristige Investitionen enthält, kann Ihnen helfen, eine konstante Rendite zu erzielen, während Sie gleichzeitig Ihr Risiko kontrollieren.

Beim Balancieren dieser beiden Ansätze ist es entscheidend, dass Sie klar definieren, welcher Teil Ihres Kapitals für das Day-Trading und welcher für langfristige Investitionen vorgesehen ist. Diese Trennung ermöglicht es Ihnen, Ihre Performance in jedem Bereich individuell zu bewerten und Anpassungen vorzunehmen, wenn es nötig ist.

Es ist auch wichtig zu wissen, dass kurzfristiges Trading und langfristige Investitionen unterschiedliche Fähigkeiten und Kenntnisse erfordern. Um erfolgreich zu sein, müssen Sie ständig neue Strategien lernen, Ihre Fähigkeiten schärfen und auf dem Laufenden bleiben über Markttrends und wirtschaftliche Entwicklungen.

Letztendlich ist es das Ziel, eine Strategie zu entwickeln, die Ihre kurzfristigen und langfristigen Anlageziele in Einklang bringt. Durch die Kombination von Day-Trading und langfristigen Investitionen können Sie die Vorteile beider Ansätze nutzen und eine robuste, vielseitige Anlagestrategie schaffen, die auf langfristigen Erfolg ausgelegt ist.

36.3 Fallstudien Über Erfolgreiche Trader

Im Day Trading und in der gesamten Investitionswelt ist es von unschätzbarem Wert, von den Erfahrungen und Erkenntnissen anderer zu lernen. Es ist daher nicht nur aufschlussreich, sondern auch inspirierend, Fallstudien über erfolgreiche Händler zu betrachten, die sowohl kurzfristige Handelsstrategien als auch langfristige Anlagestrategien anwenden.

Einer dieser Händler ist Paul Tudor Jones. Bekannt als einer der erfolgreichsten Makrohändler und Hedgefondsmanager aller Zeiten, ist Jones für seine Fähigkeit bekannt, sowohl kurzfristige Marktbewegungen zu nutzen als auch langfristige makroökonomische Trends zu identifizieren. Seine Fähigkeit, durch eine Kombination von technischer Analyse und Makroökonomie sowohl kurz- als auch langfristige Positionen zu eröffnen, hat ihn zu einem der angesehensten Investoren in der Finanzwelt gemacht.

Eine weitere bemerkenswerte Persönlichkeit ist Linda Raschke. Sie hat sich sowohl als erfolgreiche Day-Traderin als auch als langfristige Anlegerin einen Namen gemacht. Durch die Anwendung einer Methodik, die auf technischer Analyse basiert, kombiniert mit ihrem Verständnis der Marktzyklen, hat Raschke sowohl im kurzfristigen Handel als auch in längerfristigen Anlagestrategien erfolgreich performt.

Was können wir aus diesen Fallstudien lernen? Erstens, dass die besten Händler und Investoren in der Lage sind, sowohl kurzfristige Chancen als auch langfristige Trends zu erkennen und zu nutzen. Zweitens, dass sie eine klare Strategie und einen Plan haben, an den sie sich halten, egal ob sie kurzfristige Trades tätigen oder langfristige Investitionen eingehen. Drittens, dass sie ständig daran arbeiten, ihr Wissen und ihre Fähigkeiten zu erweitern und sich an die sich ständig ändernden Marktbedingungen anzupassen.

Die Integration von Day-Trading-Techniken in eine breitere Investitionsstrategie kann also sowohl profitabel als auch lohnend sein, und die Beispiele von Tudor Jones und Raschke zeigen, dass es möglich ist, in beiden Bereichen erfolgreich zu sein. Es erfordert jedoch Disziplin, Flexibilität und die Bereitschaft, ständig zu lernen und sich anzupassen.

Im folgenden Kapitel werden wir uns anschauen, wie Day-Trader Verluste und Drawdowns bewältigen und Strategien entwickeln können, um sich von diesen Rückschlägen zu erholen, da kein Händler oder Investor eine 100%ige Erfolgsquote hat. Wie immer wird das Verständnis und die Anwendung der in diesem Buch vorgestellten Konzepte und Methoden von entscheidender Bedeutung sein, um Ihre Fähigkeiten und Ihr Vertrauen als Day-Trader und Investor zu entwickeln und zu verbessern.

BEWÄLTIGUNG VON VERLUSTEN UND DRAWDOWNS

37.1 Umgang Mit Verlusten Und Drawdowns Im Day Trading

In der Welt des Day Tradings ist ein uneingeschränkter Fokus auf Gewinne nur eine Seite der Medaille. Das andere unvermeidbare Element ist der Verlust, der ebenso kritisch behandelt werden muss. Die Bewältigung von Verlusten und Drawdowns ist eine entscheidende Fähigkeit, die sich jeder Day Trader aneignen muss, um langfristig bestehen zu können.

Die Konfrontation mit Verlusten ist unvermeidbar, unabhängig von Ihrer Erfahrung oder Ihrem Geschick im Trading. Ein wesentlicher Teil der Strategie eines Traders ist daher der Umgang mit diesen Verlusten, sowohl aus finanzieller als auch aus psychologischer Sicht.

Day Trading ist von Natur aus ein hochriskantes Unterfangen, und Drawdowns sind ein integraler Bestandteil des Prozesses. Ein Drawdown bezieht sich auf den Rückgang des Kapitals eines Traders von einem Höchststand zu einem Tiefpunkt. Dies ist ein normaler Aspekt des Tradings, den jeder Trader erleben wird. Drawdowns können sowohl in Geldbeträgen als auch in Prozentsätzen ausgedrückt werden, wobei die prozentuale Darstellung ein genaues Bild der Performance liefert.

Die Bewältigung von Verlusten und Drawdowns im Day Trading erfordert eine Kombination aus soliden Risikomanagement-Strategien, mentaler Stärke und Selbstdisziplin. Die Fähigkeit, rationale Entscheidungen zu treffen, auch inmitten eines erheblichen Drawdowns, unterscheidet erfolgreiche Trader von den weniger erfolgreichen.

Zum Umgang mit Verlusten gehört die Akzeptanz, dass Verluste Teil des Spiels sind. Es bedeutet auch, zu lernen, Verluste zu begrenzen, wann man aus einem Trade aussteigen sollte und wie man mit den emotionalen Auswirkungen von Verlusten umgeht. man sollte aus Verlusten lernen und Strategien entwickeln, um künftige Verluste zu minimieren und den Wiederaufbau des Kapitals nach einem Drawdown zu erleichtern.

In den folgenden Unterkapiteln dieses Kapitels werden wir uns detaillierter mit den Strategien zur Bewältigung von Verlusten und Drawdowns im Day Trading befassen. Ich werde ihnen die Grundlagen der Risikomanagement-Strategienstück für stück erklären, um Ihnen zu helfen, Ihre Verluste zu begrenzen und Ihre Erträge zu maximieren. Wir werden auch untersuchen, wie Sie Ihre emotionale Reaktion auf Verluste steuern können, um Ihre Handelsentscheidungen zu verbessern. Zuletzt werden wir uns darauf konzentrieren, wie Sie aus Ihren Verlusten lernen und Ihre Strategien entsprechend anpassen können, um Ihre zukünftige Handelsleistung zu verbessern.

37.2 Strategien Zur Rückgewinnung Nach Einem Drawdown

Drawdowns, definiert als ein Rückgang vom bisherigen Höchststand eines Investitionsportfolios, sind ein unvermeidbarer Aspekt des Day Tradings. Trotz sorgfältigster Planung und ausgefeilter Strategien, wird kein Day Trader vor diesen temporären Rückschlägen gefeit sein. Sie stellen eine signifikante Herausforderung dar, da sie sowohl die finanzielle Gesundheit des Traders als auch seine emotionale Ausgeglichenheit beeinträchtigen können. Daher ist die effektive Bewältigung und Erholung von Drawdowns für den langfristigen Erfolg im Day Trading wichtig.

Die erste und entscheidende Strategie zur Rückgewinnung nach einem Drawdown ist die Erhaltung der finanziellen und emotionalen Disziplin. In solchen Zeiten besteht die Gefahr, dass Trader versucht sein könnten, größere Risiken einzugehen, um die verlorenen Gelder schnell zurückzugewinnen. Dies ist oft ein Fehler. Anstatt überstürzt zu handeln, sollten Trader einen klaren Kopf behalten und ihre Handelsstrategie methodisch überdenken. Es kann notwendig sein, die Ausführung der Strategie anzupassen, um sie an veränderte Marktbedingungen anzupassen, die zum Drawdown geführt haben könnten.

Weiterhin ist die sorgfältige Analyse der Trades, die zum Drawdown geführt haben, ein wichtiger Schritt zur Erholung. Durch die Analyse der Verlusttrades kann der Trader mögliche Muster oder Fehler in der Entscheidungsfindung identifizieren. Dies kann helfen, zukünftige Fehler zu vermeiden und die Handelsleistung zu verbessern. In diesem Prozess ist es wichtig, objektiv und selbstkritisch zu sein, jedoch ohne sich selbst zu sehr zu belasten. Niemand ist immun gegen Verluste im Day Trading, und der Schlüssel zum Erfolg liegt oft in der Fähigkeit, aus Fehlern zu lernen und sich kontinuierlich zu verbessern.

Zusätzlich zu diesen Maßnahmen sollten Trader auch ihre Risikomanagement-Strategien überdenken. Ein Drawdown kann ein Indikator dafür sein, dass das Risikomanagement nicht ausreichend ist oder nicht effektiv umgesetzt wurde. Hierbei kann es hilfreich sein, die Positionsskalierung zu überdenken, Stop-Loss-Orders anzupassen oder Diversifikationsstrategien zu überarbeiten, um das Risiko besser zu steuern.

Abschließend sei nochmals betont, dass die psychologische Bewältigung von Drawdowns eine wesentliche Komponente jeder Rückgewinnungsstrategie ist. Der Umgang mit Drawdowns kann emotional belastend sein, und es ist wichtig, sich sowohl emotional als auch mental auf diese Phasen vorzubereiten. Die Entwicklung von Stressmanagement-Techniken und die Pflege einer positiven Einstellung können dazu beitragen, die psychologischen Herausforderungen von Drawdowns zu meistern.

37.3. Psychologie Des Umgangs Mit Verlusten

Eine angemessene psychologische Vorbereitung auf Verlustsituationen ist entscheidend, um den emotionalen Stress zu minimieren und die Chancen einer raschen Erholung zu maximieren. Dieses Kapitel konzentriert sich darauf, wie man mit den emotionalen Herausforderungen umgeht, die mit Verlusten und Drawdowns einhergehen.

Ein primärer Aspekt, der die psychologische Reaktion auf Verluste bestimmt, ist die individuelle Risikotoleranz. Risikotoleranz bezieht sich auf den Grad an finanziellen Verlusten, den ein Trader bereit ist zu ertragen, bevor er sich unwohl fühlt. Es ist wichtig, seine eigene Risikotoleranz zu kennen und zu respektieren, um übermäßige emotionale Belastung zu vermeiden. Eine Möglichkeit, dies zu tun, ist die Anpassung der Positionsgröße und des Risikolevels jeder Transaktion an das eigene Komfortlevel.

Neben der Risikotoleranz ist die richtige Einstellung gegenüber Verlusten ein weiterer wichtiger Faktor. Eine gesunde Einstellung erkennt an, dass Verluste Teil des Day Tradings sind und als Lernmöglichkeiten und nicht als Misserfolge betrachtet werden sollten. Eine solche Einstellung ermöglicht es einem Trader, aus seinen Fehlern zu lernen, seine Strategie anzupassen und letztendlich seine Leistung zu verbessern.

Resilienz ist eine weitere wichtigeKomponente, die beim Umgang mit Verlusten hilft. Resiliente Trader sind in der Lage, Rückschläge zu bewältigen, ohne dass ihre Fähigkeit, effektiv zu handeln, beeinträchtigt wird. Sie sind in der Lage, nach einem Drawdown schnell wieder in den Handel einzusteigen und ihre emotionale Balance zu wahren.

Schließlich ist es entscheidend, eine angemessene Work-Life-Balance zu pflegen und sich Zeit für Entspannung und Erholung zu nehmen. Es ist wichtig, sich daran zu erinnern, dass Day Trading nur ein Teil des Lebens ist und nicht das gesamte Leben bestimmen sollte. Die Pflege von Beziehungen, Hobbys und körperlicher Gesundheit kann dazu beitragen, den emotionalen Stress, der mit Verlusten einhergeht, zu reduzieren und die Widerstandsfähigkeit zu stärken.

Zusammenfassend lässt sich sagen, dass der psychologische Umgang mit Verlusten im Day Trading ein entscheidender Faktor für den langfristigen Erfolg ist. Eine angemessene Risikotoleranz, die richtige Einstellung zu Verlusten,

Resilienz und die Pflege einer Work-Life-Balance sind Schlüsselkomponenten für den effektiven Umgang mit den emotionalen Herausforderungen von Drawdowns und Verlusten. Mit der richtigen Vorbereitung und Einstellung können Trader die psychologischen Auswirkungen von Verlusten minimieren und ihre Chancen auf eine rasche Erholung und langfristigen Erfolg maximieren.

ERFOLGSGESCHICHTEN UND LEKTIONEN VON TOP DAY TRADERN

38.1 Die Strategien Und Techniken Erfolgreicher Day Trader

Erfolgreiche Day Trader besitzen Eigenschaften und nutzen Strategien, die maßgeblich zu ihrer hervorragenden Performance beitragen. Sie sind Vorbilder, deren Geschichten uns inspirieren und deren Lektionen uns auf unserem eigenen Weg zum erfolgreichen Day Trading weiterhelfen können.

Die Strategien erfolgreicher Day Trader variieren stark, je nach ihren individuellen Stärken, Risikobereitschaft und Marktverständnis. Einige bevorzugen aggressives Scalping, andere setzen auf geduldiges Swing Trading, während wieder andere sich auf technische Analyse, Fundamentalanalyse oder eine Kombination beider Methoden stützen.

Die Geschichte von Linda Raschke, einer der weltweit bekanntesten Day Traderinnen, ist beispielhaft. Sie begann ihre Karriere in den 1980er Jahren und machte sich durch ihren Fokus auf technische Analyse und ihren disziplinierten Handelsstil einen Namen. Ihre Strategie basiert auf der Beobachtung von Preisbewegungen und dem Identifizieren von Mustern, die auf mögliche zukünftige Bewegungen hinweisen. Sie hat das Konzept des "Heiligen Grals" eingeführt, eine Strategie, die auf zwei einfachen Moving Averages basiert und sich auf Trendmärkte konzentriert.

Ein weiteres Beispiel ist Paul Tudor Jones, ein Hedgefonds-Manager und Day Trader, der für seinen intuitiven Handelsstil bekannt ist. Er kombiniert technische Analyse mit Makroökonomie, um ein umfassendes Bild des Marktes zu erhalten und handelt dann auf der Grundlage seiner Einschätzungen. Jones wurde durch seine Wette gegen den Aktienmarkt vor dem Schwarzen Montag 1987 berühmt, als er einen Gewinn von etwa 100 Millionen Dollar erzielte.

Erfolgreiche Day Trader wie Raschke und Jones können uns wichtige Lektionen über erfolgreiche Strategien vermitteln. Aber es ist wichtig zu verstehen, dass es keine Einheitsgröße gibt. Jeder Trader muss seine eigene Strategie entwickeln, die zu seinen Stärken, seinem Risikoappetit und seiner Persönlichkeit passt.

38.2 Gemeinsame Merkmale Und Verhaltensweisen Erfolgreicher Trader

Im Laufe der Jahre haben sich bestimmte Eigenschaften und Verhaltensweisen herauskristallisiert, die erfolgreiche Day Trader oft gemeinsam haben. Diese sind nicht nur auf ihre Fähigkeiten oder Kenntnisse beschränkt, sondern umfassen auch ihre geistige Haltung, ihre Gewohnheiten und ihre Einstellung zum Handel und Risiko.

Eines der auffälligsten Merkmale erfolgreicher Day Trader ist ihre Disziplin. Sie setzen strikte Handelspläne um und halten sich an vorgegebene Risikomanagement-Regeln, auch wenn die Märkte volatil sind oder die Situation stressig ist. Erfolgreiche Trader lassen sich nicht von ihren Emotionen leiten, sondern treffen Handelsentscheidungen basierend auf vorher festgelegten Strategien und Bedingungen.

Ein weiteres gemeinsames Merkmal ist die Fähigkeit zur Selbstreflexion und ständigen Verbesserung. Erfolgreiche Day Trader analysieren regelmäßig ihre Handelsergebnisse, identifizieren ihre Stärken und Schwächen und arbeiten kontinuierlich daran, ihre Fähigkeiten und Strategien zu verbessern. Sie sind offen für Feedback und bereit, ihre Fehler zu erkennen und daraus zu lernen.

Darüber hinaus zeigen erfolgreiche Day Trader eine hohe Risikotoleranz und eine Fähigkeit zum Umgang mit Verlusten. Sie verstehen, dass Verluste Teil des Handels sind und nicht jede Transaktion profitabel sein kann. Statt sich auf einzelne Verluste zu konzentrieren, konzentrieren sie sich auf die langfristige

Profitabilität und arbeiten ständig daran, ihre Gewinn-Verlust-Quote zu verbessern.

Erfolgreiche Day Trader sind auch in Bezug auf Marktinformationen und -analyse sehr versiert. Sie verbringen viel Zeit damit, die Märkte zu beobachten, Finanznachrichten zu verfolgen, technische und fundamentale Analysen durchzuführen und auf dem neuesten Stand der Marktgeschehnisse zu bleiben. Diese umfassenden Kenntnisse ermöglichen es ihnen, informierte Handelsentscheidungen zu treffen und potenzielle Handelsmöglichkeiten zu identifizieren.

Zuletzt, aber nicht zuletzt, zeigen erfolgreiche Day Trader eine starke Entschlossenheit und Beharrlichkeit. Day Trading ist eine herausfordernde Tätigkeit, die viel Engagement, Geduld und Durchhaltevermögen erfordert. Erfolgreiche Trader geben nicht nach Rückschlägen auf, sondern bleiben motiviert und fokussiert auf ihre Handelsziele.

Diese Merkmale sind keine Garantie für den Erfolg im Day Trading, können aber wesentlich dazu beitragen, die Wahrscheinlichkeit eines erfolgreichen Handelsergebnisses zu erhöhen. Durch das verinnerlichen dieser Merkmale und Verhaltensweisen und die Bemühungen, sie in Ihrer eigenen Handelspraxis zu intigrieren, können Sie Ihre Fähigkeiten als Day Trader verbessern und Ihre Chancen auf langfristigen Erfolg erhöhen.

VOM DAY TRADING ZUM VOLLZEITHANDEL

39.1 Übergang Vom Teilzeit-Day-Trading Zum Vollzeit-Day-Trading

Der Schritt vom Teilzeit- zum Vollzeit-Day-Trading ist eine erhebliche Entscheidung, die gut durchdacht und strategisch geplant sein muss. Der gesamte Prozess erfordert nicht nur eine finanzielle, sondern auch eine psychologische Vorbereitung.

Der erste Punkt, der berücksichtigt werden muss, ist die finanzielle Sicherheit. Day Trading als Vollzeitbeschäftigung bedeutet, dass Ihr Lebensunterhalt nun von der Volatilität der Finanzmärkte abhängt. Es ist notwendig, genügend finanzielle Reserven zu haben, um mögliche Verlustphasen abzudecken. Ein finanzieller Puffer kann dazu beitragen, unnötigen Stress zu vermeiden, der die Qualität Ihrer Handelsentscheidungen beeinträchtigen könnte.

Zusätzlich zur finanziellen Sicherheit ist auch die Fähigkeit erforderlich, konsistente Gewinne zu erzielen. Es ist essentiell wichtig, eine bewährte Handelsstrategie zu haben, die sich in verschiedenen Marktbedingungen als erfolgreich erwiesen hat. Bevor Sie den Sprung zum Vollzeit-Trading machen, sollten Sie einen soliden Track Record als Teilzeit-Trader aufgebaut haben, der beweist, dass Ihre Strategie langfristig profitabel ist.

Darüber hinaus müssen Sie sicherstellen, dass Sie über die erforderlichen Kenntnisse und Fähigkeiten verfügen, um als Vollzeit-Trader zu bestehen. Dies umfasst ein tiefes Verständnis der Marktmechanismen, technischen und fundamentalen Analysen, Risikomanagementprinzipien und eine ausgeprägte Fähigkeit zur emotionalen Kontrolle.

Eine gründliche Vorbereitung kann auch dazu beitragen, die psychologische Belastung zu minimieren, die der Wechsel zum

Vollzeit-Handel mit sich bringen kann. Es ist wichtig zu im Hinterkopf zu behalten, dass Vollzeit-Trading auch bedeutet, dass Sie große Teile Ihres Tages alleine verbringen, was zu Gefühlen von Isolation führen kann. Ein guter Weg, dies zu bekämpfen, ist der Aufbau eines Unterstützungsnetzwerks von anderen Tradern, mit denen Sie Ihre Erfahrungen teilen können. Es ist auch wichtig, einen festen Handelsplan zu haben und sich strikt daran zu halten. Dieser Plan sollte Ihre Handelsstrategie, Ihr Risikomanagement und Ihre täglichen Handelsroutinen umfassen. Eine solche Struktur kann Ihnen helfen, fokussiert zu bleiben und nicht in unproduktive Muster zu verfallen.

Zusammenfassend lässt sich sagen, dass der Übergang vom Teilzeit- zum Vollzeit-Day-Trading eine Herausforderung ist, die eine gründliche Vorbereitung und Planung erfordert. Mit den richtigen Voraussetzungen und einer guten Vorbereitung kann dieser Übergang jedoch ein Schritt in Richtung finanzielle Unabhängigkeit und Erfolg im Day Trading sein.

39.2 Vor- Und Nachteile Des Vollzeithandels

Wenn die Entscheidung getroffen wird, den Übergang vom Teilzeit- zum Vollzeit-Day-Trading zu vollziehen, öffnet sich eine neue Welt voller Möglichkeiten, aber auch Herausforderungen. Man muss sich jedoch der Vor- und Nachteile bewusst sein, die mit dem Vollzeithandel einhergehen, um fundierte Entscheidungen treffen und sich optimal auf die neue Situation vorbereiten zu können.

Vorteile des Vollzeit-Day-Tradings: Ein signifikanter Vorteil des Vollzeithandels liegt in der vollständigen Kontrolle über den eigenen Zeitplan. Sie sind nicht länger an die Anforderungen eines anderen Arbeitsplatzes gebunden und können somit Ihre Handelszeiten flexibel gestalten. Dies ermöglicht es, auf bestimmte Marktsituationen sofort zu reagieren und so gegebenenfalls größere Gewinne zu erzielen.

Ein weiterer Vorteil ist die Möglichkeit, sich vollständig auf das Trading zu konzentrieren. Ohne andere berufliche

Verpflichtungen können Sie mehr Zeit in die Weiterentwicklung Ihrer Handelsstrategien investieren, den Markt intensiver analysieren und Ihre Fähigkeiten kontinuierlich verbessern.

Nachteile des Vollzeit-Day-Tradings: Die Nachteile des Vollzeithandels hängen stark von den individuellen Umständen ab. Ein Hauptnachteil kann das fehlende geregelte Einkommen sein. Im Gegensatz zu einem Angestelltenverhältnis, wo das Gehalt regelmäßig und vorhersehbar ist, hängt Ihr Einkommen als Vollzeit-Trader von den Marktbewegungen und Ihrer Handelsleistung ab.

Zusätzlich ist der Übergang zum Vollzeithandel oft mit einem höheren Druck verbunden. Es ist nicht ungewöhnlich, dass Trader, die auf Vollzeit umstellen, plötzlich mit erhöhten Stressleveln zu kämpfen haben. Das Day Trading wird plötzlich nicht mehr als eine Zusatzaktivität betrachtet, sondern die alleinige Quelle des Einkommens.

Es ist daher wichtig, eine ausgewogene Perspektive auf die Vor- und Nachteile des Vollzeit-Day-Tradings zu haben. Eine sorgfältige Abwägung und Planung ist Essentiell, um sicherzustellen, dass der Übergang zum Vollzeit-Trading sowohl finanziell als auch emotional erfolgreich ist. In der nächsten Untergliederung werden wir die Anforderungen und Herausforderungen des Vollzeithandels im Detail betrachten, um Ihnen zu helfen, eine gut informierte Entscheidung zu treffen.

39.3 Anforderungen Und Herausforderungen Des Vollzeithandels

Der Sprung vom Teilzeit- zum Vollzeit-Day-Trading ist ein signifikanter Schritt in der Handelskarriere eines jeden Traders. Es ist eine Entscheidung, die nicht nur Auswirkungen auf das finanzielle Wohl, sondern auch auf die persönliche Lebensführung hat. Die Anforderungen und Herausforderungen des Vollzeithandels sind vielschichtig und bedürfen sorgfältiger Abwägung und Planung.

Eine zentrale Anforderung für den Vollzeithandel ist wie bereits erwähnt ein stabiler finanzieller Hintergrund. Day Trading ist per Definition eine kurzfristige Handelsstrategie mit hohem Risiko, die eine konsequente und ausreichende Liquidität erfordert. Hierfür ist es wichtig, dass Day Trader ausreichende finanzielle Reserven haben, um mögliche Verlustperioden überstehen zu können. Die Bereitstellung eines geeigneten Risikokapitals, das nicht für lebensnotwendige Ausgaben benötigt wird, ist daher von zentraler Bedeutung.

Ein weiterer wichtiger Aspekt ist die emotionale Belastbarkeit. Der Vollzeithandel erfordert eine hohe geistige und emotionale Ausdauer. Trader müssen in der Lage sein, stressige Situationen zu bewältigen, ohne dabei ihre strategische Denkweise zu verlieren. Die Entwicklung von Stressmanagement-Techniken ist daher ein wesentlicher Bestandteil der Vorbereitung auf den Vollzeithandel.

Die effiziente Nutzung von Technologie ist ebenfalls ein entscheidender Faktor im Vollzeit-Day-Trading. Day Trader müssen in der Lage sein, sich schnell an sich ändernde Marktbedingungen anzupassen und zeitnah fundierte Entscheidungen zu treffen. Hierfür benötigen sie Zugang zu aktuellen Marktdaten, fortschrittlichen Analyse-Tools und effizienten Handelsplattformen. Darüber hinaus müssen sie stets auf dem Laufenden über technologische Entwicklungen und Trends im Day Trading sein.

Darüber hinaus erfordert der Vollzeithandel eine effektive Zeit- und Aufgabenverwaltung. Day Trader müssen in der Lage sein, ihre Zeit zwischen Marktanalyse, Entscheidungsfindung, Ausführung von Trades und Überprüfung ihrer Performance zu teilen. Dies erfordert hohe Organisationsfähigkeiten und Selbstdisziplin.

Zudem sind rechtliche Kenntnisse und ein Verständnis der regulatorischen Anforderungen unerlässlich. Day Trader müssen sich über die geltenden Handelsregeln und Steuergesetze im Klaren sein und diese einhalten, um rechtliche Probleme zu vermeiden. In diesem Zusammenhang kann der Rat eines Rechtsberaters oder Steuerberaters sehr hilfreich sein.

Der Wechsel zum Vollzeithandel ist eine Herausforderung, die mit Unsicherheiten verbunden ist. Der Ausgang von Trades ist niemals garantiert und das Einkommen eines Day Traders kann stark schwanken. Trotz dieser Herausforderungen kann der Vollzeithandel jedoch auch erhebliche Vorteile bieten, darunter die Flexibilität der Arbeitszeiten und die Möglichkeit, direkte Kontrolle über das eigene Einkommen zu haben.

ZUKUNFT DES DAY TRADINGS

40.1 Wie Sich Technologie Und Regulierung Auf Das Day Trading Auswirken

Der unaufhaltsame Fortschritt der Technologie hat Day Trading zu einer breiter zugänglichen, agileren und effizienteren Praxis gemacht, wobei die künstliche Intelligenz, Algorithmen und Automatisierung eine immer größere Rolle spielen. Im Hinblick auf algorithmische Handelsstrategien entwickeln sich immer komplexere Modelle, die die Effizienz und Genauigkeit von Handelsentscheidungen erhöhen können. Vom Hochfrequenzhandel bis hin zur Implementierung von Machine Learning-Techniken zur Vorhersage von Marktbewegungen sind die Möglichkeiten endlos und in ständiger Weiterentwicklung.

Gleichzeitig hat sich die Regulierungslandschaft für das Day Trading erheblich verändert. Die zunehmende Aufmerksamkeit für Kryptowährungen und Derivate hat dazu geführt, dass Aufsichtsbehörden auf der ganzen Welt neue Regeln und Vorschriften erlassen, um Anleger besser zu schützen und den Markt stabiler zu machen. Day Trader müssen sich daher kontinuierlich über die neuesten regulatorischen Entwicklungen informieren und ihre Strategien entsprechend anpassen.

Die Interaktion zwischen Technologie und Regulierung hat das Potenzial, die Landschaft des Day Tradings in vielerlei Hinsicht zu prägen. Einerseits ermöglicht die fortschreitende Technologie den Händlern Zugang zu fortschrittlichen Tools und erweitert das Handelsuniversum über traditionelle Anlageklassen hinaus. Andererseits führen die zunehmenden

Regulierungen dazu, dass Händler eine größere Verantwortung und Aufmerksamkeit bei der Durchführung ihrer Handelsgeschäfte haben müssen.

Letztendlich liegt es in der Verantwortung des Day Traders, diese beiden Faktoren miteinander zu verbinden, um die besten Handelsmöglichkeiten zu identifizieren und gleichzeitig die Risiken zu minimieren. Die Fähigkeit, sich an neue Technologien und Vorschriften anzupassen, ist zu einem zentralen Merkmal eines erfolgreichen Day Traders geworden. Daher ist die kontinuierliche Bildung und Anpassung an die sich ständig ändernde Handelslandschaft entscheidend für die Zukunft des Day Tradings.

40.2 Trends Und Innovationen Im Day Trading

Day Trading ist nicht immun gegen die sich kontinuierlich wandelnde Welt der Technologie und Innovation. Die letzten Jahrzehnte haben eine Fülle neuer Trends hervorgebracht, die die Art und Weise, wie Trader Märkte analysieren und Trades platzieren, radikal verändert haben. Um zukünftig erfolgreich zu sein, müssen Day Trader diese Entwicklungen genau beobachten und ihre Strategien entsprechend anpassen.

Die Einführung von künstlicher Intelligenz (KI) und maschinellem Lernen (ML) hat das Day Trading revolutioniert. Algorithmen werden immer ausgefeilter und können komplexe Aufgaben übernehmen, die menschliche Trader bisher selbst durchgeführt haben. Dies reicht von der Ausführung von Trades in Mikrosekunden, die weit über die menschliche Geschwindigkeit hinausgeht, bis hin zur Analyse von riesigen Datenmengen zur Vorhersage von Marktbewegungen.

Die KI-Technologie verbessert auch die Risikoanalyse und -

kontrolle. KI-Systeme können Anomalien und potenzielle Risiken erkennen, bevor sie zu ernsthaften Problemen werden. Sie sind auch in der Lage, risikobasierte Szenarien durchzuspielen und die Auswirkungen verschiedener Handelsentscheidungen zu bewerten. Dies ermöglicht es den Tradern, bessere Entscheidungen zu treffen und ihr Kapital effizienter zu verwalten.

Blockchain-Technologie und Kryptowährungen sind weitere Innovationen, die das Day Trading stark beeinflusst haben. Die Dezentralisierung und Transparenz der Blockchain bieten ein enormes Potenzial für die Finanzindustrie und die Art und Weise, wie Trades durchgeführt und aufgezeichnet werden. Kryptowährungen haben sich zu einer beliebten Anlageklasse entwickelt, die Day Tradern zahlreiche Möglichkeiten bietet.

High-Frequency Trading (HFT) ist ein weiterer Trend, der das Day Trading stark beeinflusst. Diese Technik nutzt komplexe Algorithmen und Hochgeschwindigkeits-Datenleitungen, um eine große Anzahl von Trades in Bruchteilen von Sekunden durchzuführen. Obwohl HFT umstritten ist, ist es eine Realität, mit der Day Trader umgehen müssen.

Social Trading ist ebenfalls ein zunehmend beliebter Trend. Es ermöglicht Tradern, die Strategien und Trades anderer zu kopieren, was besonders nützlich für Anfänger sein kann. Dies fördert eine stärkere Gemeinschaft von Tradern und ermöglicht es ihnen, voneinander zu lernen.

Es ist jedoch wichtig, sich daran zu erinnern, dass Technologie und Innovation, obwohl sie viele Vorteile bieten, auch neue Risiken mit sich bringen. Zum Beispiel kann die Abhängigkeit von Technologie dazu führen, dass Trader wichtige menschliche Fähigkeiten wie kritisches Denken und Intuition vernachlässigen. Darüber hinaus können neue Technologien dazu führen, dass Märkte volatiler und schwerer vorhersehbar werden.

40.3 Anpassung Ihrer Strategien An Die Sich Verändernde Handelslandschaft

Die Natur des Day Tradings erfordert Flexibilität und Bereitschaft zur ständigen Anpassung. Wenn sich die Marktbedingungen ändern, müssen auch Ihre Strategien und Taktiken angepasst werden. Veränderungen können sich aufgrund verschiedener Faktoren ergeben, darunter wirtschaftliche Veränderungen, regulatorische Änderungen, neue Technologien oder Veränderungen in der Marktstruktur. Um auf diese Veränderungen zu reagieren, müssen Sie bereit sein, Ihre Strategien zu überdenken und anzupassen.

Die Anpassung von Strategien kann auf verschiedenen Ebenen stattfinden. Zunächst ist es wichtig, dass Sie die Entwicklungen auf den Märkten, die Sie handeln, kontinuierlich verfolgen. Beobachten Sie Markttrends, Nachrichten und wirtschaftliche Indikatoren und bewerten Sie, wie diese Ihre Handelsstrategien beeinflussen könnten. Es ist auch wichtig, auf Entwicklungen in der breiteren Handelslandschaft zu achten, einschließlich technologischer Innovationen und regulatorischer Änderungen, die das Handelsumfeld beeinflussen könnten.

Die Fähigkeit, Strategien anzupassen, erfordert auch eine gründliche Kenntnis Ihrer eigenen Handelsstrategien. Sie müssen genau wissen, wie Ihre Strategien funktionieren, welche Faktoren sie beeinflussen und wie Sie sie effektiv anpassen können. Ein tiefes Verständnis für Ihre Strategien und die zugrunde liegenden Marktmechanismen ermöglicht es Ihnen, schnelle und fundierte Anpassungen vorzunehmen, wenn dies erforderlich ist.

Ein weiterer wichtiger Aspekt bei der Anpassung von Strategien ist das Risikomanagement. Änderungen der Marktbedingungen können neue Risiken mit sich bringen oder bestehende Risiken verstärken. Sie müssen in der Lage sein, diese Risiken zu erkennen und Maßnahmen zu ergreifen, um sie zu steuern. Dies kann bedeuten, dass Sie Ihre Risikomanagementstrategien anpassen müssen, um die neuen Risiken zu berücksichtigen.

Schließlich ist es wichtig, bei der Anpassung Ihrer Strategien diszipliniert und methodisch vorzugehen. Änderungen sollten auf einer gründlichen Analyse der verfügbaren Informationen und einem soliden Verständnis der potenziellen Auswirkungen basieren. Überstürzte oder impulsgetriebene Änderungen können oft zu schlechten Ergebnissen führen.

ZUSÄTZLICHE RESSOURCEN UND LESEEMPFEHLUNGEN

41.1 Bücher Zur Vertiefung:

Es gibt viele hervorragende Bücher, die Ihnen helfen können, Ihr Wissen über Day-Trading zu vertiefen. Hier sind einige davon:

"A Beginner's Guide to the Stock Market" von Matthew R. Kratter
"Technical Analysis of the Financial Markets" von John J. Murphy
"Market Wizards" von Jack D. Schwager
"Trading in the Zone" von Mark Douglas

41.2 Online-Ressourcen:

Das Internet ist eine reiche Quelle von Informationen und Lernmaterialien für das Day-Trading. Hier sind einige Websites, die Sie nützlich finden könnten:

Investopedia: Eine umfangreiche Ressource für alle Arten von Finanzinformationen und Erklärungen.
Finviz: Eine Website, die kostenlose und hochwertige Finanzdaten und Diagramme anbietet.
BabyPips: Ein großartiger Ort, um Forex-Trading zu lernen.

41.3 Blogs Und Podcasts:

Folgende Blogs und Podcasts können Ihnen eine frische Perspektive und aktuelle Informationen zum Day-Trading bieten:

"Chat With Traders" Podcast
"The Trader's Blog" auf TradeCiety.com
"Trading with Rayner" Blog und Podcast

41.4 Kurse Und Webinare:

Es gibt zahlreiche Online-Kurse, die sich auf das Day-Trading spezialisiert haben. Plattformen wie Udemy, Coursera und Skillshare bieten eine Vielzahl von Kursen für verschiedene Erfahrungsstufen an.

41.5 Trading-Software Und Plattformen:

Einige empfohlene Plattformen sind MetaTrader 4, Thinkorswim und Interactive Brokers. Jede Plattform hat ihre eigenen Stärken und Schwächen, es ist wichtig, eine zu wählen, die Ihren individuellen Handelsstil und -anforderungen entspricht.

Bitte beachten Sie, dass die genannten Ressourcen lediglich Empfehlungen sind. Es ist wichtig, dass Sie stets Ihre eigenen Recherchen durchführen und nur Informationen verwenden, die aus zuverlässigen Quellen stammen.

Nachwort

Nachdem wir uns durch das breite Spektrum des Day Tradings bewegt haben, von den grundlegenden Prinzipien über spezielle Techniken bis hin zu zukunftsorientierten Strategien, stehen wir nun am Ende dieses umfassenden Leitfadens. In diesem Buch habe ich versucht, die Dynamik des Day Tradings in seiner ganzen Komplexität einfach zu erklären, um Ihnen, den Lesern, eine umfassende, tiefgehende und dennoch greifbare Perspektive auf diese spannende Form des Handels zu bieten.

Das Day Trading, ist wie jede Art des Handels, ein ständig fließendes Meer von Möglichkeiten und Risiken. Es verlangt Wachsamkeit, Ausdauer und kontinuierlichem Lernen. Die Informationen und Strategien, die in diesem Buch präsentiert wurden, sind entworfen, um sowohl den Anfängern einen soliden Start in ihre Day Trading-Karriere zu ermöglichen, als auch den erfahrenen Händlern neue Perspektiven und Möglichkeiten zu eröffnen.

Mir ist es jedoch wichtig zu betonen, dass das Lernen nicht hier endet. Tatsächlich ist das gerade das Gegenteil der Fall - der Abschluss dieses Buches ist nur ein weiterer Anfang. Die Welt des Day Tradings ist so vielfältig und sich ständig verändernd, dass es nie eine "Endstation" auf dieser Reise gibt. Deshalb ermutige ich Sie dazu, ständig nach neuen Informationen, Strategien und Perspektiven zu suchen, Ihre Fähigkeiten kontinuierlich zu schärfen und Ihren Horizont stets zu erweitern.

Die letzten Worte, die ich Ihnen mit auf den Weg geben möchte, sind diese: Seien Sie geduldig, seien Sie diszipliniert und seien Sie hartnäckig. Der Weg des Day Tradings ist selten geradlinig und oft voller Herausforderungen. Aber mit der richtigen Einstellung und den richtigen Werkzeugen - von denen einige hoffentlich in diesem Buch gefunden wurden - können Sie diese Reise erfolgreich meistern.

Ich danke Ihnen für Ihre Begleitung auf dieser Reise und freue mich darauf, zu sehen, wie Sie die in diesem Buch präsentierten Konzepte und Strategien nutzen, um Ihren eigenen einzigartigen Weg im Day Trading zu gestalten.

Herzlichst,

Moritz B. Geissler